T0244553

20 REGLAS DE ORO PARA EDUCAR HIJOS Y ALUMNOS

AUGUSTO CURY

20 REGLAS DE ORO PARA EDUCAR HIJOS Y ALUMNOS

CÓMO FORMAR MENTES BRILLANTES EN LA ERA DE LA ANSIEDAD

OCEANO

20 REGLAS DE ORO PARA EDUCAR HIJOS Y ALUMNOS
Cómo formar mentes brillantes en la era de la ansiedad

Título original: 20 REGRAS DE OURO PARA EDUCAR FILHOS E ALUNOS.
            COMO FORMAR MENTES BRILHANTES NA ERA DA ANSIEDADE

© 2017, Augusto Cury

Traducción: Pilar Obón

Diseño de portada: Departamento de Arte de Océano
Imagen de portada: Getty Images / Fotógrafo: Oleg Breslavtsev
Fotografía del autor: © Instituto Academia de Inteligência

D.R. © 2024, Editorial Océano de México, S.A. de C.V.
Guillermo Barroso 17-5, Col. Industrial Las Armas
Tlalnepantla de Baz, 54080, Estado de México
info@oceano.com.mx
www.oceano.mx

Primera edición en Océano: 2024

ISBN: 978-607-557-887-3

Impreso en México / Printed in Mexico

Índice

Introducción

Humanidad herida

E l desierto emocional de la construcción de la personalidad está lleno de padres y maestros bienintencionados. Sueñan con formar mentes libres, pero no pocas veces, sin darse cuenta, trauman a sus hijos y alumnos, y forman mentes aprisionadas; desean que sean líderes, pero usan técnicas equivocadas que asfixian la seguridad, la osadía y la resiliencia, y forman así jóvenes débiles, conformistas, esclavos de sus propios conflictos; anhelan que sean capaces de debatir ideas, pero con frecuencia forman adolescentes tímidos y atormentados por el miedo de lo que los demás piensan y dicen de ellos.

No basta con ser buenos educadores, tienen que ser educadores brillantes y eficientes. Es fundamental tener como meta generar hijos generosos e inteligentes, pero en la práctica educativa, es mucho más fácil formar jóvenes ansiosos, egocéntricos y espectadores pasivos. ¿Qué tipo de niño y adolescente está usted contribuyendo a formar?

Educar es una tarea de extrema complejidad, y puede ser más difícil que dirigir una empresa con miles de empleados, o una nación con millones de personas. Para darnos una idea de esa complejidad, considere su propio pensamiento: ¿es de naturaleza real o virtual? Cuando usted corrige a su hijo o alumno, ¿lo entiende a partir de él mismo o a partir de usted? Cuando un psiquiatra atiende a un paciente que padece ataques de pánico, ¿asimila el dolor y la desesperación del paciente o existe un espacio infinito, pues lo entiende virtualmente? Estudiar la naturaleza, los tipos, el proceso de construcción y gestión de los pensamientos es estudiar la última frontera de la ciencia. Las reglas de oro de este libro se basan en esa área sofisticada.

Aprenderemos que el pensamiento consciente es de naturaleza virtual y, por lo tanto, no logra cambiar lo real, las matrices de la memoria de los hijos y alumnos que generan la expresividad de las características de personalidad, como impulsividad, obstinación, alienación, y ni siquiera puede cambiar el estado emocional concreto del individuo, como en el caso de las fobias, la angustia, el humor depresivo. Por eso estudiaremos que una de las reglas de oro para formar mentes brillantes es: nadie cambia a nadie; tenemos el poder de empeorar a los demás, pero no de cambiarlos. Y con frecuencia los empeoramos al levantar el tono de voz, criticar en exceso, comparar, presionar. No cambiamos a nadie, pero podemos usar herramientas de oro para que ellos mismos se reciclen, reescriban su historia y dirijan su propio *script*.

Sin usar técnicas inteligentes, ¡los resultados en la formación de la personalidad pueden ser desastrosos! Produciremos ventanas *killer* o traumáticas en abundancia en los niños y jóvenes. Padres y maestros, por favor, reflexionen sobre este tema: si somos incapaces de cambiar la esencia de los demás, entonces, ¿qué es educar? Educar no es modificar la mente de los educandos, sino llevarlos a pensar antes de actuar; no es adiestrar sus cerebros, sino llevarlos a desarrollar consciencia crítica; no es cobrar de más, sino conducirlos a tener autonomía; no es sobreprotegerlos, sino estimularlos a trabajar las pérdidas y frustraciones; no es regañar o castigar, sino llevarlos a tener autocontrol y a ponerse en el lugar de los demás.

El educador es un piloto de la aeronave mental capaz de conducirse a sí mismo y a sus hijos y alumnos en sus viajes más importantes. ¿Cuáles? Al interior de sí mismos, hacia el centro de la mente humana. ¡Bienvenidos a las técnicas de oro para pilotear la mente humana! Pero debe saber una cosa: no hay pilotos perfectos.

Respetando la cultura en la que está inserto cada individuo, las metas fundamentales de la educación de cualquier pueblo deberían ser: promover la capacidad de gestión de la emoción de los jóvenes, para que sean, aun en forma mínima, autores de su propia historia; que sean pacientes, proactivos, osados, estables, autónomos, altruistas, seguros, carismáticos, empáticos, capaces de aplaudirle a la vida y no quejarse por todo y de todos. Pero ¿dónde están los jóvenes con ese tipo de personalidad, capaces de liderar la sociedad y resolver los desafíos de la vida?

Tales metas previenen trastornos emocionales, homicidios, suicidios, guerras, corrupción, discriminación, violencia contra los niños, las mujeres y las minorías; fomentan la pacificación de conflictos y la preservación del medio ambiente. Si no se alcanzan esas metas, la sociedad enfermará y la humanidad se volverá inviable. En ese caso, el privilegio de la especie humana de tener un cerebro y un intelecto súper evolucionados comparados con más de diez millones de especies, en vez de darnos una tremenda ventaja, nos convierte en niños con una bomba en las manos. Hay una bomba en nuestro cerebro que destruye la salud emocional y social. Y tiene que ser desarmada. Por ejemplo, si los padres o maestros no saben gestionar su propia emoción en los focos de tensión, ¿cómo enseñarán a sus hijos y alumnos a gestionarla? ¡Es casi imposible! Si los padres y maestros tienen un alto índice de GEEI (gasto de energía emocional inútil), es decir, si sufren por el futuro, si rumian sus resentimientos, si cobran de más a sí mismos y a los otros, si compran estímulos estresantes que ellos no produjeron, como las ofensas, y pagan caro, ¿cómo enseñarán a los jóvenes a preservar y optimizar su energía emocional? Estudiaremos que si los educadores son consumidores irresponsables de la energía de su planeta mente, ¡tendrán muchas probabilidades de llevar a quien aman a tener también un altísimo índice de GEEI!

El ser humano pasa buena parte de su vida dentro de una escuela; son dos o tres décadas, desde el preescolar hasta el posgrado, pero sale de ahí como un pésimo piloto para controlar su ansiedad, proteger sus emociones, usar las lágrimas para irrigar la sabiduría y reciclar sus necesidades neuróticas, como la de ser el centro de la atención social y de tener siempre la razón.

Vaya a cualquier escuela, incluso una con las colegiaturas más caras, y pregunte a los alumnos si se sienten inquietos, si despiertan fatigados, si se aburren con facilidad en la rutina diaria, si son tolerantes a las frustraciones, si tienen paciencia cuando no suena su celular, si saben "domesticar" a sus fantasmas mentales, como miedos, timidez, baja autoestima. ¡Usted terminará llorando! Investigue también si esos síntomas forman parte de su propio menú mental.

La situación es tan grave que, por ejemplo, en Estados Unidos y en otros países, hay muchos directores de escuelas asustados con el comportamiento inquieto y egocéntrico de los alumnos, y recomiendan que los padres busquen psiquiatras o neurólogos para prescribirles pastillas de la obediencia que mengüen en forma química la ansiedad de los alumnos. Creen que los alumnos son portadores de hiperactividad o trastorno de déficit de atención. No entienden, como estudiaremos desde el primer capítulo, que con frecuencia los alumnos no son hiperactivos, aunque presenten síntomas parecidos, sino que padecen SPA (síndrome del pensamiento acelerado) y tienen un alto índice de GEEI (gasto de energía emocional inútil). Se equivocan en el diagnóstico por no conocer los bastidores de la mente humana. La irritabilidad y la inquietud de la juventud actual están provocadas en gran medida por el sistema social enfermizo y por el veloz universo digital que hemos construido, y no por la carga genética.

Violamos la mente de nuestros hijos y alumnos, y los llevamos a tener una mente estresadísima y con un bajísimo umbral para soportar frustraciones, algo jamás visto en la historia de la humanidad. Y, para tratar de aliviar el desastre emocional que hemos causado, prescribimos fármacos moderadores de la actividad cerebral. Doble equivocación. Yo soy psiquiatra; los medicamentos son importantes para casos específicos, pero no para éste. En mis conferencias ante jueces, policías federales, psicólogos, médicos, educadores, siempre menciono con vehemencia que estamos asistiendo a un trabajo esclavo legalizado, niños que tienen exceso de actividades y tienen tiempo para todo, pero no para tener infancia, jugar, relajarse, construir experiencias. ¿Cómo formar mentes tranquilas, niños que sean líderes de su propia mente? ¡La tarea es dificilísima, pero vital!

Esta sociedad invadida de urgencia, consumista, saturada de información, que poco induce a la interiorización, donde la oferta de estímulos tranquilos fue abandonada, alteró aterradoramente el ritmo de construcción de los pensamientos. Es común ver escuelas, empresas, familias, incluso iglesias o instituciones religiosas enfermas, donde la mayoría está estresada y presenta síntomas psicosomáticos. Nunca los padres estuvieron tan ansiosos y los hijos, tan inquietos. Jamás los maestros estuvieron tan fatigados y los alumnos, tan inquietos. Sin aprender la gestión de la mente humana, promover el autocontrol y trabajar la educación socioemocional, será imposible resolver esa ecuación.

Los líderes y colaboradores también tienen colectivamente un agotamiento cerebral. Espero que perciban que las técnicas de este libro para formar mentes libres y brillantes no se enfocan sólo en la educación, sino que pueden ser útiles en todo el teatro social.

La educación racionalista y exteriorizante desprotege el planeta emoción de nuestros hijos y alumnos, los expone a una serie de trastornos mentales. ¿Qué hacer? ¡No podemos quedarnos observando pasivamente cómo su personalidad y la nuestra son asfixiadas, fragmentadas, encarceladas! Tenemos que ser protagonistas y no espectadores pasivos. Debemos salir de entre el público. Esta introducción es un mapa de los capítulos siguientes. Espero que los jóvenes, padres, maestros no sólo de enseñanza básica, sino también universitarios y de posgrado, se atrevan a transformar el caos en oportunidad.

En este libro presentaré veinte reglas o herramientas de oro. La propuesta de esta obra no es producir un libro más de orientación educativa; tiene la ambición de reciclar algunos de los fundamentos de la educación mundial, pues está basada en el proceso de construcción de los pensamientos y del Yo como gestor de la emoción, un área compleja poco estudiada por los grandes pensadores, como Freud, Piaget, Vygotsky, Skinner, Fromm, Kant, Hegel, Marx y Sartre. Es, sí, una propuesta osada, pero humilde también, pues todos somos eternos aprendices y, como tales, necesitamos mapear nuestras debilidades y "locuras". En caso contrario, nuestro Yo será dominado por nuestros fantasmas mentales durante toda la vida.

Si no cambiamos la esencia de la educación, si no aprendemos a pilotear la compleja aeronave mental y protegemos al delicado planeta emoción, ¡las sociedades modernas se convertirán en un gran hospital psiquiátrico a cielo abierto! ¡Lamentablemente, las estadísticas demuestran que ya estamos viviendo en un manicomio global...!

1
¡La educación está enferma y forma jóvenes enfermos!
Los educadores bienintencionados también causan desastres

l no haber estudiado el proceso de construcción de pensamientos, hay notables educadores que no entendieron que, como ya expliqué, jamás deberíamos haber alterado el ritmo de esa construcción en los niños y los jóvenes. Usted puede alterar la velocidad de cualquier cosa y tener ganancias en productividad, desde las turbinas de los aviones hasta los procesadores en la computación, pero la mente humana necesita pensar con calma, elaborar las ideas tranquilamente; en caso contrario, el razonamiento complejo y la salud mental se verán afectados de manera severa.

Una de las consecuencias de la hiperconstrucción de pensamientos es la simulación de síntomas como los que presentan las personas hiperactivas, como déficit de concentración, inquietud, conversaciones paralelas, aburrimiento, dificultad para ponerse en el lugar de los demás y para procesar las experiencias de dolor, pérdidas y frustraciones.

Es probable que entre uno y dos por ciento de los jóvenes hiperactivos tengan un sesgo genético proveniente de padres inquietos. Pero ¿por qué, entonces, entre 70 y 80 por ciento están presentando los mismos síntomas? ¿Son acaso víctimas de un virus contagioso como en las películas de Hollywood? ¡No! Son víctimas de nuestro sistema social contagioso, que produjo colectivamente el síndrome del pensamiento acelerado (SPA). ¡Violamos algo que debería ser inviolable, la caja negra del funcionamiento de la mente de la juventud mundial!

Esta sociedad insana y frenética se convirtió en el verdugo de la mente de nuestros hijos y alumnos. Los niños tienen tiempo para mil actividades, menos para tener infancia. He dicho, ante audiencias de magistrados, que todos estamos en contra del trabajo esclavo, pero creamos un "trabajo esclavo infantil legalizado". La mente de los niños está intoxicada con un exceso de estímulos, incluso de los medios digitales, que formatean la construcción de pensamientos y emociones a un ritmo jamás visto en la historia. Cometemos el mayor crimen contra los hijos de la humanidad, sin peso en la consciencia.

Y todavía tenemos el coraje de aplaudir a nuestros hijos y decir que son genios, pues saben manejar las aplicaciones y programas de computadora con increíble maestría. Pero los años pasan y la genialidad comienza a desaparecer en la preadolescencia. La mayoría de los jóvenes exhibe señales evidentes de que algo está mal. Comenzamos a detectar una intensa insatisfacción, impaciencia, un altísimo TR (tedio por la rutina), una necesidad de obtener todo rápidamente, y una dificultad para pensar en las consecuencias de sus comportamientos. Los padres dejan de aplaudir a sus hijos y comienzan a criticarlos. El genio disminuye en la medida en que se expande el bajo umbral para soportar las frustraciones.

Hoy, es simplemente imposible exigir completo silencio a nuestros hijos y alumnos. No debemos sofocar su energía mental, domesticar químicamente sus cerebros, a no ser en casos donde la ansiedad es altísima y viene acompañada de síntomas psicosomáticos. Usar de manera creativa la energía de los jóvenes es una de las grandes herramientas que se proponen en este libro. Llevarlos a ser jardineros emocionales, artistas plásticos mentales, ecologistas sociales, inventores imaginativos; ésas deben ser nuestras metas.

Por favor, no critiquen ni excluyan a sus hijos y alumnos inquietos, alterados, irritables. Los educadores brillantes apuestan todo lo que tienen en los que poco tienen. Si usamos las reglas de oro de este libro, es probable que los niños que nos dan dolores de cabeza ahora nos den más alegrías mañana.

Pero, por desgracia, nuestras empresas, escuelas y familias están enfermas y forman personas enfermas para un sistema enfermo. De nada sirve culpar a los padres y maestros por ese fenómeno, pues todos somos constructores y, al mismo tiempo, víctimas de ese sistema alucinante, donde somos vistos más como un número en una tarjeta de crédito que como un ser humano completo y complejo.

Sin embargo, si tenemos que elegir un gran culpable por la pérdida de la esencia humana, por el caos en el proceso educativo mundial, por ese caldero de ansiedad, por la enfermedad emocional colectiva de jóvenes y adultos, yo lo señalo: EL RACIONALISMO O CARTESIANISMO. Veamos.

EL RACIONALISMO: SUS VENTAJAS
Y SUS DEFECTOS EDUCATIVOS

El francés René Descartes fue uno de los mayores pensadores de la historia, uno de los fundadores de la filosofía moderna, el gran promotor del racionalismo. El racionalismo es una corriente de pensamiento que sobrevalora la lógica y el razonamiento matemático como modelo de investigación e interpretación de los datos. Se convirtió en el camino para la producción científica, y nos llevó a saltos tecnológicos sin precedentes en ingeniería, física, comunicación, biología y computación.

El racionalismo, o cartesianismo, fue fundamental para el progreso material, ¡pero fue desastroso para el progreso emocional! No sólo ejerció una influencia importantísima en las ciencias lógicas, sino también una influencia perniciosa en las ciencias humanas, en especial, la psicología, la psicopedagogía, la sociología y las ciencias jurídicas. Obviamente, el racionalismo tuvo también innegables aspectos positivos en las ciencias humanas. El análisis de un objeto de estudio (por ejemplo, un medicamento antidepresivo, cómo se comporta en el cerebro, hacer estudios usando placebos y medicamentos activos, etcétera) generó un control de procesos fundamental para la evolución de las ciencias.

Pero veamos algunos aspectos destructivos. Muchas empresas son racionalistas o cartesianas, realizan innumerables pruebas para seleccionar profesionistas según su desempeño técnico y lógico, por su formación académica y por los entrenamientos. ¡Sin embargo, 80 por ciento de esos profesionistas son despedidos por deficiencias emocionales! No saben lidiar con las pérdidas y las frustraciones, usan su puesto para controlar a sus colaboradores y no para liberar sus mentes y su creatividad, tienen la necesidad neurótica de ser el centro de todas las atenciones.

Muchas escuelas, maestros y padres son cartesianos, racionalistas, inclusive en Estados Unidos, Europa, Japón y China. Aplauden a sus hijos y alumnos por su desempeño lógico, exaltan a los que mejor se comportan y a quienes presentan las mejores calificaciones, sin saber que ellos pueden estar siendo atormentados por fantasías mentales, como la timidez, el autocastigo, el sufrimiento por anticipación y el miedo a la crítica.

Las escuelas cartesianas consideran a los alumnos como un número en la clase, mientras que las gestoras de la emoción los consideran joyas únicas en el teatro de la existencia. Las escuelas cartesianas son especialistas en señalar las fallas, mientras que las gestoras de la emoción son maestras en aplaudir los aciertos. Las escuelas cartesianas corrigen a sus alumnos en público, mientras que las gestoras de la emoción entrenan a sus maestros para que elogien en público y corrijan en privado. Las escuelas cartesianas vician los cerebros de sus alumnos con el pensamiento lógico-lineal —el cual, a su vez, genera el fenómeno estímulo-respuesta o golpe y contragolpe—, mientras que las gestoras de la emoción irrigan el pensamiento imaginativo para que sus alumnos piensen antes de actuar. Las escuelas cartesianas se preocupan por las calificaciones escolares, mientras que las gestoras de la emoción valoran los exámenes escolares, pero también las pruebas de la vida, por eso promueven la empatía, la osadía, la resiliencia, el altruismo, el espíritu emprendedor y, por supuesto, la gestión de la emoción.

PRIMERA REGLA DE ORO

Padres y maestros racionalistas vs. educadores gestores de la emoción

---

¿Qué tipo de educador es usted? ¿Cartesiano o gestor de la emoción? Permítame definirlos, aunque haya muchas excepciones. El maestro cartesiano agota su cerebro con facilidad, mientras que el educador gestor de la emoción protege su mente y renueva sus fuerzas; el maestro cartesiano vive desanimado ante una clase desconcentrada, mientras que el educador gestor de la emoción usa estrategias para cautivar a sus alumnos y refinar su apetito intelectual; el maestro cartesiano se perturba por la irritabilidad y ansiedad de sus alumnos, mientras que el educador gestor de la emoción filtra los estímulos traumáticos y no compra lo que no le pertenece; el maestro cartesiano culpa a los alumnos por ser alienados e impulsivos, mientras que el educador gestor de la emoción sabe que el sistema los ha enfermado, por eso no renuncia a ninguno de ellos, sobre todo, a aquellos que lo decepcionan; el maestro cartesiano enseña la materia y, desanimado, no ve la hora de retirarse, mientras que el educador gestor de la emoción no ve la hora de representar otra obra de conocimiento en el teatro del salón de clases, pues no sólo enseña, sino que enseña a pensar.

Los padres cartesianos son manuales de reglas, mientras que los padres que son gestores de la emoción son manuales de vida; los padres cartesianos son especialistas en criticar, mientras que los gestores de la emoción son expertos en promover y elogiar las habilidades de sus hijos; los padres cartesianos dan muchos regalos, en tanto los gestores de la emoción dan lo que el dinero no puede comprar; los padres cartesianos son impacientes y malhumorados, mientras que los gestores de la emoción son tolerantes y bienhumorados, capaces de reírse de algunos de sus errores y de los errores de sus hijos; los padres cartesianos no saben hablar el lenguaje del corazón, mientras que los gestores de la emoción son capaces de decir "te amo", "gracias por existir", "perdóname"; los padres cartesianos no revelan sus lágrimas, mientras que los gestores de la emoción hablan de sus lágrimas para que sus hijos aprendan a llorar las propias.

La educación cartesiana ve a los alumnos como máquinas de aprender

¡Los padres tranquilos también tienen crisis de ansiedad, y los maestros generosos tienen momentos de egoísmo! Nadie es 100 por ciento lógico o racionalista, a no ser que esté muerto, pero en esta sociedad cartesiana, embriagada por la estadística, insistimos en serlo, tenemos la necesidad neurótica de ser perfectos. Por eso, no es común que reconozcamos nuestras locuras, que pidamos disculpas o declaremos nuestros sentimientos. Rara vez les preguntamos a nuestros hijos. "¿Qué pesadillas te controlan?", "¿En qué me equivoqué contigo y no me di cuenta?". Es raro que los maestros les pregunten a sus alumnos inquietos qué angustias tienen, o qué pérdidas han sufrido.

Vea hasta qué punto llega la insania del racionalismo en el sistema educativo. Cierta vez, el presidente de un gran conglomerado educativo, con más de veinte mil alumnos de la enseñanza básica y media, tuvo el valor de decirme que uno de sus alumnos estaba herido, con inflamación en los ojos y marcas en el rostro. Observándolo, una maestra le preguntó delante de la clase cuál era la razón de sus heridas. El alumno, angustiado, dijo que su padre lo había golpeado.

¿El resultado? El presidente de ese grupo educativo, que facturaba centenares de millones, despidió a la maestra, obviamente sin decirle el motivo. La verdadera razón era que la escuela no quería tener problemas con los padres del alumno. Ese líder comentó que los alumnos están en sus escuelas para aprender, y que la maestra no debía entrar en el terreno emocional. Era un grupo de escuelas enfermo, frío, racionalista. Impactado, le hablé de la importancia de la educación socioemocional. El presidente dijo que yo era un escritor y que me admiraba mucho. Pero yo no quería ser admirado por ese hombre, que veía a sus alumnos como máquinas de aprender, quería que él admirara y respetara a sus alumnos como seres humanos complejos.

Muchas escuelas están enfermas y forman alumnos enfermos. No los enseñan ni siquiera en forma mínima a gestionar sus emociones y a desarrollar las habilidades para ser autores de sus propias historias. Como máximo, el racionalismo llevó a los alumnos a aprender algunos valores, lo que es por completo insuficiente para sobrevivir, ser libres y saludables en esta sociedad estresante. El cartesianismo consideró al *Homo sapiens* como un ser clásicamente pensante, racional, lógico, pero no entendió que es un ser dramáticamente emotivo, afectivo, sensible, inspirador, soñador y sujeto a muchas trampas mentales.

El nombre de nuestra especie, *Homo sapiens*, hombre pensante, está drásticamente desequilibrado. Debería llamarse *Homo sapiens-emovere*. El ser humano no es sólo previsible, sino también imprevisible; no sólo es lógico, sino también amante, soñador, atípico. Una computadora será siempre esclava de estímulos programados, y el ser humano jamás lo será, porque la creatividad nace del caos, de la duda, de la inseguridad, del estrés saludable, que yo llamo ansiedad vital.

La inteligencia artificial podrá simular todos los comportamientos humanos, pero jamás tendrá el territorio de la emoción. Piense en la siguiente historia. Era el año 2100 d. C. La humanidad todavía no se había autodestruido, las computadoras habían evolucionado al máximo. Los robots eran parecidísimos a los seres humanos. El presidente de Estados Unidos invitó a periodistas del mundo entero a visitar una fábrica de robots ultramodernos. Exaltaba a las máquinas diciendo que los robots humanoides eran mejores que los seres humanos: sólo trabajaban, no reclamaban y duraban mucho más tiempo.

En aquella solemnidad, los periodistas le hicieron muchas preguntas a un robot, y él respondió a todas con eximia inteligencia. Todos le aplaudieron, entusiasmados. Pero antes de que se fueran, el único niño presente, que tenía ocho años y era hijo del propio presidente, levantó la mano. "¿Puedo hacer una pregunta?". "Claro, hijo mío", dijo el presidente. "Pero no sé si él va a tener una respuesta". "Eso es imposible, hijo mío, adelante", respondió el padre. Entonces, dirigiéndose al robot, el niño preguntó: "Mi papá trabaja mucho. Cuando está muchos días lejos de mí, siento tristeza y ganas de llorar. ¿Tú te has sentido solo?". El robot se bloqueó.

Aunque nuestra especie no se autodestruya, viva por muchos años y las computadoras puedan evolucionar, jamás sentirán el sabor de la duda, el dolor de la soledad, los *flashes* de celos, el gusto de la ansiedad, los encantos del amor, el placer de la tranquilidad. Las computadoras, así como los seres humanos, hacen ejercicios matemáticos, pero jamás construirán monstruos en su mente, nunca sentirán fobias, mientras que los seres humanos están atormentados por la nictofobia (miedo a la oscuridad), claustrofobia (miedo a los lugares cerrados), fobia social (miedo de hablar en público), futurofobia (miedo del futuro), acrofobia (miedo a las alturas) y muchas otras.

Si les preguntamos a todas las computadoras, incluyendo a la supercomputadora Watson de la IBM, si quieren ser ricas o felices, se trabarán, no entenderán la pregunta. Pero pregúnteles a los seres humanos, y la gran mayoría dirá: prefiero ser feliz. Pero incluso quienes quieren ser felices traicionan su sueño por un poco más de trabajo, traicionan el tiempo con su familia por usar los celulares los fines de semana, traicionan su calidad de vida por colocarse en lugares poco dignos de su agenda. ¡Las computadoras jamás se traicionarán, pues no tienen emociones!

Los buenos educadores pueden ser tanto excesivamente racionales como intensamente emocionales, pero los educadores brillantes son equilibrados, respiran y caminan en ambos planetas. Quien no tiene la razón y la emoción trabajadas con madurez vivirá esas paradojas enfermizas: la emoción inspira los poemas, pero la razón fomenta los conflictos y las agresividades; la emoción aplaude a los que aciertan, pero la razón elimina a los que se equivocan; la emoción exalta a los amigos, pero la razón excluye a los diferentes. Por lo tanto, si el Yo, que representa la capacidad de elección, no es inteligente y generoso para gestionar el planeta emoción junto con la razón, ¡seremos seres humanos enfermos!

La pregunta que no se puede callar es: ¿en qué escuela o universidad se estudia y se enseña la gestión de la emoción, para que sus alumnos aprendan a protegerla, a filtrar los estímulos estresantes, a preservar y expandir los recursos de sus mentes? ¿Harvard? ¿Cambridge? ¿Oxford? ¡Lamentablemente, estamos en la Edad de Piedra en esa noble área de las ciencias humanas! Con frecuencia pregunto en mis conferencias en América Latina, Europa y Estados Unidos: ¿quién sufre por anticipación? La gran mayoría. ¿Quién es rehén del pasado, rumia sus rencores, pérdidas y frustraciones? Muchos. ¿Y quién se cobra de más a sí mismo? Nuevamente, muchos. Aprendemos a dirigir empresas, a conducir autos y a operar computadoras, pero no aprendemos a dirigir nuestras mentes.

Sin "gestión de la emoción", nuestra especie es inviable

Hay escuelas de enseñanza media que alientan o "contratan" a los mejores alumnos del país para que vengan a estudiar en ellas. Aman a los estudiantes que tienen las mejores calificaciones, pero desprecian a los alumnos promedio o a los que están en los últimos lugares, sin saber que ahí se encuentran muchos "Einstein". Esos alumnos que se matan estudiando, que son los mejores de la clase, de la ciudad, cuando entran en una facultad importante, olvidan que todos los que entraron ahí están en el mismo nivel que ellos. El resultado es que muchos ya no alcanzan la cima y por eso se mutilan, se deprimen, piensan en renunciar a la vida. ¿Cuántos alumnos no desarrollan gravísimas crisis emocionales en Japón, China, Estados Unidos, Brasil, por no ser los mejores de la clase? Algunos se suicidan, sin saber que es posible ser el número dos, tres, diez, con dignidad. Sin saber siquiera que no siempre los mejores de la clase serán los mejores profesionistas, empresarios, científicos. Porque sus escuelas están enfermas, no enseñan las técnicas básicas de gestión de la emoción, y ellos se cobran y se culpan demasiado, son verdugos de sí mismos.

Dichas escuelas sueñan con la notoriedad de sus alumnos, sin preocuparse intensamente por cómo está su salud emocional. Sin duda, el ranking de las escuelas puede ser positivo. Se debe estimular el aprendizaje, la osadía y el desafío. Pero jamás debemos dejar de contemplar las habilidades socioemocionales, como el altruismo, la generosidad, la empatía.

¡Nada es más agradable que estar en paz en el territorio de la emoción! ¡Nada es más placentero que ser autónomo, libre, protagonista, pasar las pruebas de estrés de la vida! Por eso, todas las escuelas deberían ser escuelas de gestión de la emoción, de la inteligencia socioemocional, escuelas donde los alumnos tengan como meta fundamental desarrollar un Yo que sea autor de su propia historia.

La mente de los niños y de los jóvenes ha cambiado, pero las escuelas siguen estando en la Edad de Piedra, con cinco siglos de retraso. Los padres y maestros observan perplejos el notable desarrollo mental de sus hijos y alumnos, pero al mismo tiempo, éstos parecen incontrolables. ¡Nunca tuvieron los jóvenes un raciocinio tan rápido y, al mismo tiempo, nunca tuvieron emociones tan frágiles y desprotegidas! Ésa es una de las causas que nos han llevado a una estadística desafortunada: aumentamos en 40 por ciento el índice de suicidio entre los jóvenes. Deberíamos llorar ante esos números.

Durante más de tres décadas, me arriesgué en la compleja empresa de producir conocimiento en un área en la que pocos pensadores han tenido la oportunidad de entrar. Tenemos que conocer lo que está ocurriendo en el centro de la mente de los jóvenes, tenemos que salir de las capas superficiales de la psicología, de la sociología y de la psicopedagogía para avanzar en la última frontera de la ciencia, el mundo de los pensamientos, el epicentro de la formación del Yo, los papeles conscientes e inconscientes de la memoria y de la gestión de la emoción. Usted no va a leer aquí un libro de autoayuda, ninguno de mis libros lo es. Pueden ayudarle y motivarlo, pero entraremos en capas poco visitadas de nuestra psique.

Hablaremos sobre las reglas de oro para formar pensadores, mentes libres y creativas. No me estoy refiriendo a la inteligencia emocional. Años antes de que el brillante psicólogo Daniel Goleman escribiera su obra *Inteligencia emocional*, yo ya producía conocimiento sobre la gestión de la emoción. La inteligencia emocional es el suelo. Muchos saben que es importante edificar una construcción en un suelo adecuado. Metafóricamente hablando, la gestión de la emoción trata sobre los fundamentos y los cimientos de los más variados tipos de construcciones, y también de la ingeniería emocional para construir edificios, casas, puentes, fábricas. No basta con tener el suelo y saber que la emoción es importante: es crucial saber qué edificar y cómo edificarlo.

Por lo tanto, la gestión de la emoción involucra cuestiones vitales: ¿cómo proteger la propia emoción? ¿Cómo preservar sus recursos naturales y expandirlos? ¿Cómo dar un golpe de lucidez y calificar los sentimientos? ¿Cómo gestionar la emoción en los focos de tensión? ¿Cuál es la relación entre pensamientos y emociones? ¿Por qué las emociones tensas son capaces de cerrar el circuito de la memoria y llevar al *Homo sapiens* a ser *Homo bios*, es decir, a reaccionar como lo haría un animal? ¿Es posible que un ejecutivo de Manhattan, en Nueva York, tenga reacciones cerebrales, cuando es contrariado, iguales a las de un africano en las sabanas ante un depredador? ¿Construimos depredadores en nuestras mentes? ¿Es posible borrar la memoria, como hacemos con las computadoras, o sólo podemos reeditarla? ¿La emoción es inmutable o puede envejecer precozmente? ¿Es posible que un joven de quince años tenga la misma emoción que un anciano de noventa, y viceversa? ¿Cómo ser autor de la propia historia ante el estrés de la existencia? Reitero: la gestión de la emoción va mucho más allá de la inteligencia emocional. Y necesita hacerlo, para darnos un mapa mínimo para ser saludables en esta sociedad ansiosa y enferma.

Todas esas preguntas no sólo involucran la formación de mentes brillantes, el desarrollo de la salud emocional, sino que también lidian con la viabilidad de la especie humana. ¿Somos una especie viable? Sin gestionar la emoción, no. Nuestra historia está vergonzosamente manchada por guerras, homicidios, suicidios y discriminaciones, por el autoritarismo, por la intolerancia a las contrariedades y por millones de enfermedades emocionales que podrían prevenirse...

La emoción se convirtió en tierra de nadie

Una de las tesis del racionalismo dice que todo lo que existe debe ser inteligible, racional, coherente. Pero hay un gran problema: la empatía, la generosidad, la tolerancia a las frustraciones sobrepasan los límites de la lógica. ¡Sin esos elementos, promoveremos la exclusión social de quien nos decepciona! Por ejemplo, el racionalismo espera que toda acción genere una reacción, un pensamiento lógico. Sin embargo, una persona racional se dará esperando algo a cambio y, por lo tanto, se revolcará en el fango de las frustraciones, pues nuestros seres cercanos son los que más nos decepcionan.

Sólo existen las almas gemelas cuando ambos están en un cementerio, uno al lado del otro. Aunque los miembros de una pareja sean muy parecidos en las preferencias por alimentos, películas, vinos y viajes, aunque tengan visiones del mundo semejantes, uno y otro viven momentos diferentes con distintas aperturas de las ventanas de la memoria, que producen pensamientos y reacciones diversas a cada momento existencial. Si usted se da a su marido esperando que él siempre le dé algo a cambio con la misma intensidad, ¡será mejor que busque a un psicólogo!

Estamos en la era de los mendigos emocionales.* La ONU ha detectado que hay ochocientos millones de personas hambrientas, que ingieren menos de dos mil calorías diarias. Un desastre. Pero lo que la ONU no investigó es que hay miles de millones de niños y adultos emocionalmente hambrientos, viviendo de manera miserable, y no pocos de ellos habitan en palacios o en bellos condominios residenciales.

En la actualidad, los niños, adolescentes y jóvenes adultos necesitan muchos estímulos para sentir migajas de placer. En la era de la insatisfacción, los traficantes no venden drogas, ofrecen drogas a las personalidades insatisfechas. Una emoción dramáticamente vacía y angustiada es un comprador en potencia. No es posible resolver la ecuación de las drogas usando sólo armas (represión) o simplemente legalizándolas. Se hace necesaria una revolución pedagógica, con énfasis en educar la emoción de nuestros hijos y alumnos para que desarrollen un Yo maduro, autónomo, resiliente, líder de sí mismo. Sin esos elementos, trataremos los síntomas y no las verdaderas causas de un problema que asola a la humanidad.

El tratamiento de la dependencia a las drogas es uno de los que poseen un mayor índice de fracaso. Aislar a los pacientes, orientarlos y aplicarles técnicas psicoterapéuticas, sea cual sea la línea teórica, es con frecuencia insuficiente, debido a la pulverización de ventanas traumáticas en la memoria del adicto. Se hace necesario entrar con el Programa

* Consultar *El hombre más inteligente de la historia*, Océano, 2018.

de Gestión de la Emoción para equipar a los usuarios para que dirijan sus propias historias, reediten las ventanas enfermizas, lidien con dolores, pérdidas y frustraciones, incluso en sus focos de tensión. Preocupado por eso, desarrollé durante años el programa Freemind,[*] y lo puse a disposición del público de forma gratuita. El Freemind tiene el noble objetivo de proteger la emoción y prevenir trastornos mentales, incluyendo el uso de drogas. En la actualidad, es uno de los programas más utilizados en el mundo, en más de quinientas comunidades terapéuticas.

La tarea más notable de un educador no es abarrotar de información la mente de sus hijos y alumnos, sino prepararlos para que sean protagonistas de sus propias historias. Por desgracia, más de dos tercios de los alumnos están profundamente estresados, mentalmente inquietos, con dificultades para lidiar con el aburrimiento y con un sueño de mala calidad, con un bajo umbral para las frustraciones, con déficit de memoria. Millones de ellos están intoxicados digitalmente, han desarrollado dependencia a sus celulares, a videojuegos, y todo frente a nuestros ojos.

Como estudiaremos, la tecnología digital puede ser utilísima, pero tiene efectos colaterales. No mapearla es una irresponsabilidad. No sólo las drogas psicoactivas lícitas e

---

[*] El programa Freemind está disponible en el Hotel Gestión de la Emoción, que es un espacio donde los adictos a las drogas y el alcohol son tratados no como enfermos, sino como huéspedes.

Para consultar gratuitamente el programa Freemind, acceda a: www.hotelgestaodaemocao.com.br

O escriba a: gestaodaemocao@yahoo.com.br

ilícitas son las que envician, los celulares y los videojuegos también lo hacen. ¡No es sin razón que el suicidio sea la segunda causa de muerte entre los jóvenes en Europa y la tercera en Estados Unidos! Estamos en la era del humor triste ante la más poderosa industria del entretenimiento. Niños y adolescentes que deberían estar jugando, aventurándose, aplaudiéndole a la vida como un espectáculo indescriptible, están viviendo el espectáculo del estrés, están ansiosos, deprimidos, con el cerebro agotado y sin sueños.

Los padres y maestros deberían gestionar su propia emoción para enseñar a sus hijos y alumnos a gestionar sus emociones, deberían usar herramientas de oro para enseñarles a desarrollar mentes libres y saludables. ¡No deje que se apague su llama de educador! Es nuestra responsabilidad ofrecer una solución inteligente a la dificilísima ecuación emocional: educadores estresados, jóvenes ansiosos.

Yo no me inclinaría ante reyes o celebridades, pero me inclino ante los padres y los maestros. Sin educadores, nuestras primaveras no tienen flores, nuestros veranos no tienen lluvia, nuestros inviernos son insoportables. Sin educadores, la humanidad está enferma y es inviable.

2
¡Las escuelas y familias enfermas forman jóvenes enfermos!
Descartes salió de la tumba y se sintió atormentado con el mundo que influenció

Vimos que la palabra *cartesianismo* se deriva del nombre del filósofo Descartes. Aunque él no haya sido el constructor del racionalismo, fue su gran formador y promotor. Imaginemos la siguiente historia. Descartes, después de casi cuatro siglos, sale de la tumba y entra en éste, nuestro mundo loco, pero altamente tecnológico, que sus ideas ayudaron a crear.

El miedo es un viejo fantasma que jamás ha dejado de atormentar a la mente humana. Las fobias no están en la cuenta del racionalismo, pues ellas, por definición, son una reacción sobredimensionada en relación con el objeto fóbico; por lo tanto, tienen colores y sabores irracionales e ilógicos. Desde la hipocondría (miedo a enfermarse) hasta la fobia social (miedo de estar o hablar en público), las fobias siempre representaron la increíble capacidad creativa del ser humano para crear monstruos que no existen, pero que tienen la capacidad de aterrorizar. ¿Qué monstruos ha construido usted? No conozco a nadie, ni el más racional de los cartesianos, que no cree algunos depredadores. Hasta el miedo al miedo es un depredador.

¡Cuidado! Los miedos provocan un fenómeno inconsciente, que denomino RAM (registro automático de la memoria), el cual los archiva en el centro de nuestra memoria, transformándolos en ventanas *killer* o traumáticas que nunca se olvidan. ¡Gran problema! El gran problema no son las tonterías que creamos, sino su registro. Nada de lo que está archivado puede ser borrado jamás. Los gritos de los padres, el pánico de las madres, los conflictos y las riñas irracionales entre adultos son archivados por los niños y jóvenes, y esto hace posible que muchos reproduzcan esos comportamientos, aunque los detesten, y los transmitan a las nuevas generaciones, no por la vía genética, sino por la conductual.

A lo largo de décadas de dar atención psiquiátrica y psicoterapéutica, al investigar con "lupa" la historia de mis pacientes, yo observaba claramente que "los padres pesimistas tenían mayores probabilidades de formar hijos expertos en quejarse de la vida", "los padres tímidos formaban más fácilmente jóvenes inseguros y socialmente retraídos", "las madres con manías de limpieza pasaban a sus hijos y nietos la preocupación obsesiva de tener todo en su lugar", "los adultos hipocondríacos eran maestros en formar jóvenes con manía de enfermedades".

Los racionalistas usan las matemáticas como modelo fundamental de la racionalidad, pero la transmisibilidad de los trastornos emocionales por la palabra o por la gesticulación, tan comunes en la especie humana, no está prevista por esa poderosa corriente de pensamiento. El modelo estadístico, incluso aplicado de manera clandestina por ciertas redes sociales, conoce el perfil de sus usuarios y lo utiliza para vender productos y servicios, al convertirlos en meros consumidores en potencia, un número de tarjeta de crédito, lo que reduce la individualidad y complejidad de cada ser humano.

Vivir es un espectáculo único. Aun cuando ese show tenga estrés y pérdidas, terminarlo puede ser aceptable para el racionalismo, pero es inaceptable para la emoción. Por eso, procuramos de todas las formas huir del más racional de los fenómenos: la muerte. En la actualidad, algunos toman pociones para rejuvenecer, otros se hacen aplicaciones de bótox, peelings y mil procedimientos para disfrazar o distanciar el tiempo, pero el tiempo es cruel. Usted huye de él, pero él grita: "¡Nadie escapa de mis manos!". Usted lucha contra él, pero él se burla de vuelta: "¡Ningún mortal me puede vencer!". Usted disimula, pero él ríe y dice: "¡Te encontré!".

Descartes, como todos los mortales, luchó contra la muerte, ¡por eso creía en Dios y hablaba de Él! Más de diez trillones de células de su cuerpo en algún momento deben haber gritado metabólicamente: "¡No te mueras!", lo que aumentó su frecuencia respiratoria, disparó su corazón y creó nubes de moléculas en el torrente sanguíneo. Todo eso para que el apóstol del racionalismo no cerrara sus ojos a la vida. Pero, al fin, Descartes fue alcanzado por los tentáculos de la finitud existencial. Murió en 1650.

DESCARTES ENTRÓ EN PÁNICO

En nuestra historia, los siglos pasaron y "lo improbable" sucedió. Contrariando todas las previsiones, la tumba de Descartes se abrió súbitamente. Y el filósofo salió de su sepulcro y apareció en la Ciudad Luz, París. Sorprendido, con la camisa desgarrada, el pantalón arrugado, la apariencia cadavérica. El hombre que luchó con uñas y dientes para que las matemáticas dominaran las ciencias y las relaciones sociales, despertó en pleno siglo XXI y, en vez de sentirse feliz con el mundo que ayudó a crear, comenzó a sentirse atormentado por lo que veía a su alrededor. No era el mundo que había imaginado. Comenzó a tener crisis de ansiedad a cada cuadra que recorría.

Las máquinas de hierro, los autos, parecían enormes depredadores. Casi lo atropellaron. Los conductores tocaron sus bocinas sin piedad y le gritaron a nuestro gentil filósofo: "¡Sal de la calle, loco!", "¡Despierta, psicótico!". El filósofo racional experimentó las llamaradas de la irracionalidad del mundo moderno, hombres desprovistos de paciencia, parecían dioses sólo porque montaban en un caballo de hierro. Apresuró el paso. De repente, vio dragones sobre su cabeza cortando el aire, no soltando llamaradas de fuego, sino produciendo un ruido ensordecedor.

Por algunos instantes, pensó que estaba delirando, creyó que la mitología se había concretizado. Se pellizcó, se pegó en el cráneo con la mano derecha, sintió dolor. Quedó perplejo, atónito, todo era real, perturbado. Descartes corrió sin rumbo. Pero ¿hacia dónde? ¡No sabía que el método científico que tanto se había empeñado en divulgar (que observar, recolectar los datos, experimentar, controlar los procesos, checar los resultados) podría llevar a un desarrollo brutal de las ciencias, capaz de "embarazar" a aquellos dragones de acero, ¡los aviones!

La humanidad siempre produjo conocimiento aleatorio de manera empírica, pero el progreso era tímido porque la superstición y el misticismo contaminaban el resultado. A partir de la modernidad, lo produciría de forma controlada y racional. El salto fue gigantesco. No fueron los "Einstein" los grandes promotores de la ciencia, ni los innumerables "Steve Jobs", ¡fue Descartes, fue el racionalismo! Desde ese momento florecieron los centros de investigación, sobre todo en las universidades.

Cada dos siglos la cantidad de información se duplicaba, un hecho extraordinario. El conocimiento producido era acumulado, organizado y enseñado en la educación básica, media y superior. Fue la primera gran ola del conocimiento. En la segunda mitad del siglo pasado se inició la segunda gran ola, capitaneada por los centros de investigación de las empresas, los laboratorios y los institutos. Hoy, esa ola es un tsunami: cada año, la cantidad de información muy probablemente se duplica. Eso nos llevó a la era digital y a la revolución de la robótica. ¡Descartes no había soñado con un salto científico tan alto, ni tampoco imaginaba que el *Homo sapiens* se perdería en el proceso! Pero ahora él está en pleno siglo XXI para ser testigo de ese fenómeno.

Y he aquí que, jadeante, se detuvo a la sombra de un café parisiense. Con la mente inquieta y el corazón galopante, observó a hombres y mujeres completamente mudos, manipulando frenéticamente un aparato que estaba en la palma de sus manos. ¿Por qué las personas *no conversan?*, se preguntó Descartes. Vio a bellas parejas, pero ellos no se besaban ni se tocaban, sólo se concentraban en el aparato. ¿Qué es eso? ¿Serían humanos? La respuesta era difícil. Parecía que las personas habían perdido su esencia.

Lo peor estaba por venir. Una escena dejó al filósofo, amante del diálogo, polemista, con el corazón partido. Un niño de cinco años quería charlar con su padre, pero éste no tenía tiempo. Estaba enviando mensajes por el aparato. "¡Espera hijo, ahora no!". "¡Pero yo quiero hablar", dijo el pequeño, llorando. Su padre parecía un alcohólico enviciado en las bebidas baratas que Descartes ya había experimentado, sólo que su vicio era por un extraño aparato. El padre, insensible, dijo con la voz irritada: "¡Después! ¡Déjame responder este correo!".

Nuestro filósofo no se aguantó e intervino: "¡Señor, nada es más importante para los niños que tener la atención de sus educadores! Denles atención y nuestros presidios se convertirán en museos". El padre miró de arriba abajo al extraño personaje y, furioso, dijo en voz bien alta: "De la educación de mi hijo me encargo yo. ¡Fuera de aquí, desharrapado! ¡O llamaré a la policía!".

Nuestro filósofo, perturbado, se preguntó en voz alta: "¿Qué mundo loco es éste, en que las parejas sofocan el amor y los educadores no tienen tiempo para los niños?". Descartes defendía el racionalismo, aunque fuese un hombre sentimental. Al escuchar su pregunta, un crítico del sistema social que tomaba a solas un café, le dijo: "Nuestra sociedad enloqueció, mi amigo. Es culpa del cartesianismo". Descartes sudó frío y pidió explicaciones: "¿Qué está diciendo, mi señor?".

"¡Las ideas de René Descartes produjeron este manicomio global!". El filósofo se ruborizó, perdió la voz, su corazón parecía querer salir por su boca. "¿Está loco, hombre? ¡Yo no soy responsable de tamaña insanidad!". Las personas que escucharon la discusión dejaron sus celulares y se burlaron del desharrapado. Descartes salió avergonzado. Veinte metros más adelante había una tienda de videojuegos. ¡Niños quietos, unos frente a otros, sin aventuras ni algarabía! ¡Parecían zombis manipulando los aparatos!

Algunos metros más adelante, un restaurante. Las mesas estaban colocadas afuera. Y he aquí que una señal perturbó el ambiente: el celular de un cliente sonó alto a su lado. El filósofo se sobresaltó. Y quedó todavía más asombrado cuando escuchó la conversación: "¿Cómo está la bolsa de valores en Japón? ¡En Nueva York está cayendo en este momento!". ¡Descartes casi se desmayó! Creer que un aparato diminuto comunicaba a las personas de distintos continentes lo dejó perplejo. De repente, el mismo sujeto pagó la cuenta con una tarjeta. ¿Dónde están las monedas?, pensó el filósofo. Era un mundo muy diferente al suyo.

Descartes fue considerado un terrorista: pánico general

Mientras Descartes intentaba procesar toda esa información, cuando parecía imposible que las escenas empeoraran, ¡pasaron del drama al terror! Un policía, viendo sus gestos erráticos y sus vestiduras harapientas, rápidamente se le acercó y le pidió su identificación. Él tragó en seco. "¿Quiere saber mi identidad? ¡Soy de una época en que la palabra valía más que el documento!". El policía frunció la nariz. ¡Qué respuesta extraña!, pensó, y preguntó: "¿Cuál es su nombre?". Él respondió: "Descartes". Observando la reacción del policía, algunas personas del restaurante dejaron sus celulares y comenzaron a prestar atención al hombre.

"¿Descartes? ¿Cuál es su nombre completo?", demandó, tenso, el policía. Su tono de voz siguió llamando la atención de otros distraídos con la tecnología digital. "¡René Descartes, señor!", dijo el filósofo. Un hombre sentado en una mesa a tres metros de la confusión, que era profesor de filosofía de una universidad, ¡soltó una carcajada! Gritó: "¿René Descartes? Parece que ese sujeto acaba de salir de una tumba. ¡Es la broma del año!".

"¿Por qué te burlas de mí? ¿Qué es lo que haces, hombre?", cuestionó Descartes. "Soy filósofo", respondió el profesor. "¡Si eres filósofo, conoces mi obra *El discurso del método*!". "Otro psicótico más en el siglo XXI", dijo el profesor de filosofía. Los observadores rieron, incluso el policía. En la era de la escasez de la alegría, las risas impresionaron a quienes estaban lejos, haciendo que se aproximaran, y se formó un círculo alrededor de Descartes. Perturbado con esos comportamientos, él comenzó a discurrir sobre filosofía, dejando a todos perplejos.

Nervioso con el extraño personaje, el policía dijo: "¿De dónde vino, su... su...?". Descartes, al ser racionalista, no tenía mucho ingenio, así que dio una respuesta seca, rígida, la más lógica y también la más peligrosa posible: "De un cementerio". Más risas todavía, pero el policía y algunos otros interpretaron la respuesta de un modo dramático. "¿Cementerio?", repitió el policía, perturbado. En ese momento Descartes, sin darse cuenta, dio una señal de desesperación: "¡Sí, cementerio! Todos iremos un día a la soledad de la tumba". El policía interpretó que el desharrapado quería suicidarse. "¿Usted quiere cometer un acto terrorista?". Pánico general.

La palabra "terrorista" detonó un fenómeno inconsciente en los cerebros de los oyentes, llamado gatillo de la memoria, abriendo una ventana *killer* o traumática en los recovecos de sus mentes. El volumen de tensión que surgió de esa área fue tan grande que cerró el circuito de la memoria, bloqueó el acceso a millones de datos, asfixiando la racionalidad que tan preciada era para Descartes. El filósofo desconocía ese mecanismo, pero sintió en la piel que el *Homo sapiens* se había transformado en *Homo bios*, instintivo, a punto de ser devorado por un depredador. Y él era el depredador, aunque fuese un pensador inocente.

Crisis de ansiedad colectiva. Algunos se pusieron tan tensos que vieron cosas. En fracciones de segundo, observaron que el viejo abrigo de Descartes estaba abultado. Sólo podían ser bombas. El apóstol de la lógica causó un enorme estado de ilógica, un torbellino de emociones que no estaba prescrito en los compendios del racionalismo. Todos salieron corriendo, atropellándose unos a otros. Algunos gritaban "¡Terrorista!", mientras disparaban la noticia por medio de los celulares. En segundos, París estaba en llamas emocionales.

Descartes, que ya estaba angustiado, casi perdió la consciencia con la beligerancia y el descontrol de las personas. Sin demora, el policía sacó el arma y disparó. Ansioso, erró el tiro. Descartes salió despavorido, sin saber bien a bien lo que estaba sucediendo. Todos huían de él, y él huía de todos.

Era un mundo cada vez más ansioso, fluctuante, malhumorado. Habíamos aprendido a manejar máquinas, pero no la máquina de las máquinas, la mente humana. Éramos gigantes en las ciencias, pero niños para liderarnos a nosotros mismos. En poco tiempo, Descartes estaba en las redes sociales, del anonimato al estrellato. Millones de *views* hablaban de ese extraño anónimo. ¡Estresado, Descartes tuvo nostalgia de su tumba!

DESCARTES ENCONTRÓ UN HOGAR, UN AMBIENTE INMUTABLE: UNA ESCUELA

Huyendo de los autos, los peatones y sus verdugos, nuestro filósofo racionalista entró en un gran edificio repleto de salones, donde muchos jóvenes transitaban con cuadernos en las manos. ¡Pasó por los corredores observando atentamente, y comenzó a sentirse en casa! Por fin había encontrado un ambiente que parecía haber cambiado muy poco: una escuela. Su corazón, que estaba casi en colapso, comenzó a ceder.

Observó un salón de clases. ¡Los alumnos estaban sentados en hileras uno detrás del otro! Al frente, un profesor se desgañitaba tratando de obtener la atención de la clase. El ambiente era el mismo, el maestro también, la pedagogía parecía igual, sólo la mente de los alumnos había cambiado, y mucho. La mayoría estaba inquieta. No pocos estaban viajando por otro "planeta".

Descartes paseó la vista por otro salón y vio a un maestro regañando a un joven que había tenido un comportamiento errático: "¡Nunca vas a ser nada en la vida de esa manera!". Sonrió. "¡Tiene razón!", susurró para sí mismo. ¡Pero no entendía la causa de que los alumnos estuviesen tensos, cabizbajos, comiéndose las uñas, desprovistos de alegría!

Recorriendo los pasillos, vio a una maestra entregar los exámenes. Un alumno de catorce años, tartamudeando y lagrimeando, comentó: "¡Pero maestra, yo contesté... las preguntas de otro... modo!". "Un examen es un examen. ¡La respuesta tiene que ser exactamente como yo la enseñé!", dijo ella. Descartes aplaudió, pero de manera discreta para que nadie lo notara.

"Pero maestra, yo usé la imaginación para...", comenzó a decir el muchacho. Ella lo interrumpió: "Todo razonamiento que esté fuera de la curva es reprobado". El chico, enjugándose los ojos e inconforme, preguntó: "Pero... ¿de dónde... viene esa orden?". A ella se le llenó la boca con su respuesta: "¡DEL MINISTERIO DE EDUCACIÓN DE ESTE PAÍS!". Otro alumno comentó, perturbado: "Pero ¿de dónde sacó el Ministerio de Educación que las respuestas de los alumnos tienen que ser iguales a las de los maestros?". Confundida, ella dijo: "No sé... ¡tal vez de Descartes!".

Los maestros son los profesionales vitales en el tejido social. Como ya manifesté en otras obras, yo no me inclinaría ante celebridades y políticos, pero sí ante ellos. Muchos administradores de escuelas también están preocupadísimos por el futuro de sus alumnos, pero lamentablemente, varios ministerios de educación de los países modernos son racionalistas, y contagian a todo el sistema educativo. Esos ministerios tienen la mejor de las intenciones de formar mentes brillantes, pero asfixian esa información por no haber estudiado el proceso de formación de pensadores.

Bombardean el cerebro de los alumnos con millones de datos, sin provocar sus mentes, ni estimular el arte de la duda, de la pregunta, del espíritu emprendedor, de reinventarse, de liberar la imaginación. Sin alentarlos a tener el deleite del placer de aprender, como proclamaba Platón; a tener autonomía, como ansiaba Paulo Freire; a buscar el sentido de la vida, como anhelaba Victor Frankl; a dar cauce libre a la búsqueda imparable de la libertad, como creía Sartre; a liberar el imaginario, como aspiraba Einstein; o a estimular al Yo para ser gestor de la mente humana y autor de su propia historia, como humildemente sueño.

Al estudiar y teorizar sobre el proceso de formación de pensadores, cobré consciencia de algunos errores dramáticos. ¡Einstein tenía menos conocimiento de la física, la química y las matemáticas que los mejores físicos e ingenieros de la actualidad! El conocimiento se ha multiplicado muchísimo. La cantidad de datos es importante, pero son la osadía para caminar por aires nunca respirados, la duda con respecto a las verdades vigentes y, sobre todo, la manera en que se organiza el conocimiento, las fuerzas propulsoras para generar las grandes ideas. ¡No sin razón el propio Einstein dijo: "Es más importante la imaginación que la información"!

Los ministerios de educación dan un contenido del programa para que los maestros enseñen en el salón de clases y que los alumnos aprendan, asimilen y reproduzcan en los exámenes escolares. Pero ¿quién dice que existe el recuerdo puro? Exigimos a los alumnos que presenten los exámenes sin entender que interpretar es contagiar la realidad, es acrecentar los colores y sabores de la materia, es innovar. Exigir exactitud sin tener en consideración la frontera más compleja de las ciencias humanas y el proceso de construcción de pensamientos es asfixiar la creatividad humana.

El pensamiento es el vehículo fundamental para transmitir el conocimiento. Puede ser expresado con palabras, gestos, imágenes. Pero ¿quién dice que la construcción de pensamientos obedece a una linealidad lógica? ¿Quién dice que un profesor o un alumno rescata exactamente la información que está en su memoria, tal y como la aprendieron? ¡No la rescatan! Recordar es reinventar, aunque en forma mínima, el objeto pensado. El gran paradigma de la educación racionalista está equivocado. No existe el recuerdo puro, a no ser con información estrictamente lógica, como números telefónicos y fórmulas, pero incluso así hay contaminaciones.

La construcción de pensamientos siempre sufre la influencia de un conjunto de fenómenos que inevitablemente la contaminan, capitaneado por el estado emocional (cómo estoy: deprimido o alegre), por el ambiente social (dónde estoy: en un ambiente acogedor o amenazador), por el tipo de personalidad (quién soy) y por el estado motivacional (lo que deseo).

Esos fenómenos interfieren con la apertura y el cierre de miles de ventanas o archivos en la corteza cerebral y, en consecuencia, con el acceso a millones de datos y su organización, lo que hace que no sólo dos alumnos produzcan pensamientos distintos ante un mismo objeto o ante las mismas preguntas en los exámenes, sino que un mismo alumno, en dos momentos distintos, ante las mismas preguntas con frecuencia produzca también interpretaciones e ideas diferentes, aunque parecidos. Haga la prueba.

Ese complejo proceso convierte a la verdad en un fin inalcanzable, en particular en las ciencias humanas. Exigir respuestas sensatas sin considerar las variables de la imaginación, de la inventiva, del razonamiento complejo, es querer que las mentes de los alumnos sean robotizadas. Y eso es un crimen educativo. Reitero: exigir exactitud a los alumnos en las pruebas es robotizar la mente humana, asfixiar su imaginario, asesinar el proceso de formación de pensadores. Millones de jóvenes ingresan en los colegios, universidades y programas de posgrado racionalistas con un potencial increíble para ser pensadores, pero la gran mayoría sale de ahí mentalmente adiestrada, silenciada, intimidada, desprovista de pasión por el conocimiento y de osadía para navegar por mares nunca navegados.

Además, los ministerios de educación de la actualidad, muy probablemente por no haber estudiado los tipos de pensamientos que transitan por la mente humana, construyen una política educativa que envicia a los alumnos en el más pobre de todos los pensamientos, el dialéctico, que copia los símbolos de la lengua y sofoca el pensamiento antilingüístico, antidialéctico o imaginario. Por eso los niños hacen muchas preguntas antes de entrar a la escuela y dejan de preguntar a medida que pasan los años.

Y, entre otras fallas, los ministerios de educación racionalistas, al no entender la naturaleza del pensamiento y el asunto a ser estudiado, no tienen consciencia de que éste no es real, concreto, sino virtual. Por lo tanto, el pensamiento jamás incorpora la realidad del objeto pensado, lo que atestigua una vez más que la verdad es un fin inalcanzable; esto demuestra nuevamente que los exámenes escolares no pueden ser evaluados por la repetitividad de los datos, sino por variables más complejas, como la participación, la osadía, el debate, el razonamiento multifocal, la inventiva. Pruebas "inocentes" mal aplicadas sepultan genios. En los salones de clase de miles de colegios y universidades, hay millones de genios que han sido enterrados vivos...

Familias cartesianas, familias enfermas

Como veremos, debido al SPA (síndrome del pensamiento acelerado) y al SEC (del portugués, *síndrome de esgotamento cerebral*, es decir, síndrome de agotamiento cerebral), los niños y adolescentes rara vez se adaptan a un sistema educativo que ha permanecido casi inmutable en los últimos cinco siglos. Un sistema seco, sin sabor, sin aventuras o desafíos, que ama el silencio absoluto, sin entender que la mente de los alumnos ha sufrido grandes e incontrolables cambios.

Los alumnos no tienen la culpa de revolcarse en el fango de la ansiedad. Tal vez sea la primera vez en la historia que los jóvenes no cuestionan la ética ni critican las locuras de la generación más vieja. Los envenenamos tanto con el consumismo y con el exceso de estímulos, que ellos quieren dosis cada vez mayores del veneno que producimos. Editamos la producción de pensamientos y emociones en sus mentes a una velocidad jamás vista. Agitados, el último lugar donde millones de alumnos quieren estar es en el salón de clases. Al no haberse reinventado, las escuelas son planas, aburridas, monótonas, aunque tengan pizarras digitales, escritorios confortables, aire acondicionado.

Los alumnos son considerados espectadores pasivos del conocimiento expresado por sus maestros. Pero detestan esa posición; ellos aman participar, compartir, construir, inventar y reinventar. Se tiene que volver a fundar una nueva escuela para un nuevo alumno, para aprovechar productivamente su ansiedad y su inquietud. En esa escuela, maestros y alumnos son, ambos, cocineros del conocimiento.

Volviendo a nuestra historia, Descartes, al observar atentamente los cuestionamientos de los alumnos, la dependencia digital y la asfixia de la capacidad de pensar, quedó muy preocupado y con un peso en la consciencia. Soñó con volver en el tiempo y reciclar sus ideas. Pero ya era tarde. El pasado es cartesiano y no admite correcciones; sólo el futuro es socioemocional, tiene otras posibilidades. La tesis es: no se cambia el pasado, sólo se cambia el futuro a través del presente, cuando un ser humano deja de ser víctima y pasa a ser autor de la historia; por lo menos, de su propia historia.

Hasta los terroristas eran cartesianos, no escuchaban el clamor de más de diez trillones de células que suplicaban a través de síntomas como taquicardia, aumento de la frecuencia respiratoria y otros mecanismos: "¡No te mueras! ¡No te mates!". Pero no sólo ellos se mataban, sino que destruían a personas inocentes en aras de una ideología racionalista.

La sociedad se volvió cartesiana, la violencia está aumentando. Y los síntomas son evidentes: los suicidios, los homicidios, el patrón tiránico de belleza, el estímulo al consumo irresponsable, el fenómeno de acción-reacción, la pérdida de la paciencia por pequeñas contrariedades, los síntomas psicosomáticos comunes al ser humano moderno, la discriminación a los inmigrantes o por el color de la piel, la raza, el sexo, la religión.

En el universo educativo hay excepciones, familias increíbles y escuelas excepcionales, pero la mayoría de las familias y escuelas están contaminadas por el virus del cartesianismo. Las familias cartesianas son fáciles de reconocer: todos viendo la televisión en completo silencio y sin diálogo; padres con tiempo para entrar en las redes sociales, pero no para sus hijos, y viceversa; al recibir a los amigos, algo rarísimo, los padres despotrican contra sus hijos que desean manifestarse: "¡Guarden silencio, están interrumpiendo a la visita!". Y, además, el tono de voz elevado, la actitud de imponer y no exponer las ideas, las críticas excesivas, la dificultad para tener buen humor y la necesidad neurótica de cobrarse unos a otros son síntomas de las familias racionalistas.

Las familias modernas se convirtieron en un grupo de extraños, cercanos físicamente, pero muy distantes interiormente. El racionalismo nos enfermó colectivamente. ¿Qué hacer?

3
Las diferencias del Yo maduro y el Yo inmaduro

SEGUNDA REGLA DE ORO

✦━━━━━●━━━━━✦

Gestionar la mente: formación de un Yo maduro

E s preciso que entremos en las capas más profundas del fascinante proceso de la formación de la personalidad si deseamos conocer las reglas o herramientas de oro para educar a nuestros hijos y alumnos, así como para prevenir trastornos emocionales. Sin embargo, no hay manera de entrar en esas capas sin hablar de la construcción de los pensamientos, de los tres tipos de memoria y del despertar del más profundo de los fenómenos psicológicos: el Yo.

El Yo es el centro de la consciencia existencial, el líder de sí mismo, el autocontrol del sujeto, su capacidad de elección y su identidad esencial. Comienza a formarse desde el útero, se acelera en la fase preescolar, se consolida en la adolescencia y madura en la vida adulta, aunque haya millones de adultos con un Yo mal formado.

Comprender el desarrollo del Yo como gestor de la mente humana es la segunda gran regla o herramienta de oro. Quien no es líder de sí mismo podrá ser un líder castrante, saboteador, vengativo o autoritario, pero jamás será un líder social brillante, inspirador, motivador, resiliente, democrático.

Hay diferencias gigantescas entre un Yo saludable y un Yo mal formado o inmaduro. Un Yo maduro no compra lo que no le pertenece, mientras que un Yo inmaduro no tiene protección emocional. Las ofensas, los rechazos, las pérdidas y decepciones transforman la mente del inmaduro en un bote de basura.

Un Yo maduro no tiene miedo de identificar sus errores, de confrontarse a sí mismo, ni dificultad para revisar sus ideas y metas, mientras que un Yo inmaduro detesta ser criticado, tiene dificultad para mirarse a sí mismo y postula ser Dios, pues se nutre de verdades absolutas.

Un Yo maduro construye sus proyectos con la argamasa de la paciencia y con los ladrillos de la tolerancia, mientras que un Yo inmaduro los construye sobre el cimiento de la ansiedad y con los bloques de la inflexibilidad, quiere todo rápido y listo, el tiempo es su verdugo.

Un Yo maduro es generoso y altruista, pues percibe los dolores y necesidades nunca expresadas, distingue lo que las imágenes no revelan, mientras que un Yo inmaduro es tosco y grosero, sólo distingue lo que está frente a él, por eso es rápido en juzgar y lento en comprender.

Un Yo maduro es resiliente, sabe reinventarse ante las crisis, los sufrimientos son sus maestros y sus pérdidas, sus maestras, mientras que un Yo inmaduro se paraliza ante sus dolores y, por ser débil, es un especialista en describir su mala suerte y un experto en culpar a los demás por sus desgracias.

Un Yo maduro es rápido para pensar y lento para reaccionar, reflexiona sobre las consecuencias de sus comportamientos, mientras que un Yo inmaduro es rápido para reaccionar, sin importar a quién lastime, tampoco piensa en el mediano y largo plazo.

Un Yo maduro siente placer al promover a los demás, se alegra con el éxito de sus pares, mientras que un Yo inmaduro tiene la necesidad de ser el centro de la atención social, desea que el mundo gravite en torno a su órbita.

Algunos adultos tienen una edad emocional de diez o quince años, aunque tengan cuarenta o cincuenta años biológicamente. Tuvieron graves fallas en su proceso educativo. Su educación racionalista acabó con la herramienta básica para pulir: su Yo como autor de su historia, como gestor de su mente, en fin, como administrador de su emoción y de sus pensamientos. Hay ejecutivos que no saben ser mínimamente contrariados; hay políticos que tienen la necesidad neurótica de poder; hay celebridades que creen que el éxito es eterno; hay médicos que piensan que son dioses; y empresarios que tienen la certeza de que lo son. Todos presentan un Yo averiado, fragmentado, malformado.

No albergue odio, celos o sentimiento de venganza por quien esególatra: tenga compasión, pues esas personas no son felices; antes de herir a los demás, ya se violentaron a sí mismas. Durante milenios, creímos que los egoístas y los individualistas eran personas poderosas; hoy sabemos que son frágiles, todos ellos tienen un Yo inmaduro, mal pulido, mal educado, incapaz de ser líder de sí mismo. Son niños con poder en las manos.

Nada es más profundo en la mente humana que el proceso de construcción del Yo. Él es el puente entre el inconsciente y el consciente, entre la memoria y la expresividad de las características de la personalidad, entre el mundo racional y el universo emocional, entre el pensamiento virtual y el mundo concreto.

Al discurrir sobre ese proceso, pido no sólo a los psiquiatras, psicólogos, pediatras, neurólogos y psicopedagogos, sino en especial a los padres y maestros, que tengan paciencia y perseverancia. Se trata de asuntos nuevos. Los próximos dos capítulos representan los pilares de esta obra. ¡Son vitales para oxigenar nuestras mentes! Y crea que podemos comprenderlos, aunque sea en forma mínima.

EL CONSCIENTE Y EL INCONSCIENTE

La teoría de la inteligencia multifocal (TIM) expresada aquí no compite con otras teorías de la psicología, de la pedagogía, de la sociología. Como trata de los cimientos de la mente humana, de los fenómenos que leen la memoria y construyen las ideas, la TIM abarca y complementa el resto de las teorías, incluso antagónicas, como la conductual, la cognitiva y el psicoanálisis. De acuerdo con la TIM, la memoria se divide en tres grandes áreas: la memoria genética (MG), la memoria de uso continuo (MUC), que es central y consciente, y la memoria existencial (ME), que es periférica e inconsciente. Tanto la MUC como la ME son memorias adquiridas a través de experiencias mentales vivenciadas desde la aurora de la vida fetal hasta el último suspiro.

La MUC, como memoria de uso continuo, es la fuente consciente de materias primas para leer, escribir, hablar, pensar, interpretar, en fin, realizar actividades intelectuales y emocionales diarias y continuas. La ME, a su vez, representa todos los millones de experiencias y datos que fueron archivados a lo largo de la historia de cada ser humano. Los miedos de la época en que éramos bebés, los momentos de soledad, los amigos y las aventuras durante la primera infancia, todos están ahí, aunque no sean rescatados o recordados. Solamente en situaciones especiales ocurre el rescate de traumas, relaciones, vivencias. Por ejemplo, usted oye una canción y se acuerda de su primer beso.

Voy a usar la metáfora de una ciudad para explicar los tres grandes tipos de memoria, y cómo coexisten e interfieren recíprocamente, como "danzan" en conjunto el vals del desarrollo de la personalidad y de la formación del Yo. En esa metáfora, la genética representa el suelo de la ciudad (la estructura física de la corteza cerebral y el metabolismo), todo lo que es edificado en el centro de la ciudad representa la MUC (consciente) y la que está en la inmensa periferia de la ciudad es la ME (inconsciente).

Cuando digo centro, me refiero al centro utilizado. Usted frecuenta de uno a dos por ciento de su ciudad: calles, tiendas, lugares. Por eso, en forma ilustrativa, esa región central representa su MUC, la memoria de uso continuo. Su Yo, su capacidad de elección, frecuenta cada segundo la MUC para producir pensamientos, ideas, imágenes mentales, placeres, angustias. La MUC le hace tener sus focos, nutrir sus relaciones actuales, sus proyectos, sus sueños, sus pesadillas, sus metas y expectativas. Con mucho menos frecuencia, su Yo y otros fenómenos que leen la memoria, que estudiaremos, recorren la periferia de la inmensa ciudad de la memoria, su inconsciente, o ME. Pero de vez en cuando visita esos "barrios". Y cuando lo hace, a veces se alegra y otras, se asombra.

Memoria genética

Comentaremos primero la memoria genética. La lucha por la vida es ardua. Cada espermatozoide tiene que ser el mejor malabarista, el mejor nadador, el mejor alpinista "del mundo" para vencer a más de cuarenta millones de competidores y fecundar al óvulo, y así heredar la más fascinante de las bibliotecas, la biblioteca de la vida, la carga genética.

La carga genética es única para cada ser humano, tanto en la construcción del biotipo, expresado por el tamaño, la forma, el peso, la altura, el color de la piel, como en la construcción de la fisiología compleja, expresada entre otros elementos por el metabolismo, las hormonas, los neurotransmisores cerebrales (serotonina, adrenalina, noradrenalina, acetilcolina y otros), los anticuerpos, etcétera. Usted es lo que es porque heredó una sofisticada biblioteca que describe su biografía.

La memoria genética también es única para el comportamiento, en especial a través de los neurotransmisores cerebrales y del metabolismo al interior de las neuronas. Es la responsable de producir por lo menos once grandes características que influyen en el proceso de formación de la personalidad y, en consecuencia, del desarrollo del Yo:

1ª Nivel de reactividad a los estímulos estresantes.

2ª Nivel de sensibilidad en las relaciones sociales.

3ª Umbral para soportar el dolor físico y emocional.

4ª Pulsaciones ansiosas.

5ª Intensidad de las manifestaciones instintivas: sed, hambre, libido.

6ª Capacidad de almacenamiento de información en la corteza cerebral.

7ª Dimensión del área que formará parte de la ME.

8ª Dimensión del área que formará parte de la MUC.

9ª Cantidad y calidad de las redes neuronales.

10ª Cantidad y calidad de las conexiones entre las ventanas de la memoria, la MUC y la ME.

11ª Calidad de la receptividad de archivo de la información por el fenómeno RAM (registro automático de la memoria).

LAS HABILIDADES DEL YO IRRIGAN
UN ÉXITO INTELIGENTE

Ya pasó el tiempo en que ser genio era tener una excelente memoria o una capacidad espectacular de almacenamiento. Hoy, cualquier computadora mediocre tiene mejor capacidad que ese tipo de genio, por lo menos para recitar la información. Ya pasó el tiempo en que para tener éxito profesional bastaba con poseer mucho conocimiento. Hoy, el Yo necesita adquirir otras habilidades, como articular datos, trabajar en equipo, debatir ideas, motivar a los colaboradores, inspirar sueños, luchar por proyectos, lidiar con riesgos, pensar a mediano y largo plazo, liderar su propia mente antes que a personas o empresas.

Pasó también el tiempo en que para construir un gran romance bastaba con amar o ser apasionado. Quien sólo ama con emoción se fragmentará cuando surjan los inviernos existenciales. El amor tiene que ser inteligente para ser sustentable. Hoy, son necesarias otras habilidades asimiladas y almacenadas en la MUC y la ME para conquistar el éxito emocional, tales como ser empático, carismático, simpático, alegre, preocuparse por el dolor ajeno, ser gestor de la mente. Pero ¿dónde están las escuelas que enseñan a los jóvenes a amar?

No hay duda de que la influencia genética puede ser determinante. Cada una de las características genéticas para el comportamiento puede producir una reacción en cadena que influirá en el proceso de interpretación y las experiencias emocionales del feto, el bebé, el niño, el adolescente y el adulto. Usando una metáfora, el suelo y el clima —es decir, la carga genética y el metabolismo cerebral, en fin, los "suelos"— influyen en los cimientos, la estructura, el patrón de seguridad de las casas y los edificios construidos en la muc y en la me a lo largo de la existencia. Sin embargo, el Yo, como el gran constructor de la mente humana, puede y debe ser educado para crear construcciones bellísimas y seguras en suelos inhóspitos, pantanosos, rocosos.

Si así no fuera, los padres depresivos, ansiosos, alcohólicos generarían hijos con las mismas características. Por fortuna, en la práctica psiquiátrica vemos que eso no es una regla. Hay hijos y alumnos felices, saludables, tranquilos, alegres, que tienen padres traumatizados. De alguna forma, su Yo entró en acción intuitivamente y comenzó a dar un golpe de lucidez al caos socioemocional en que se encontraba. Pero sería mejor que hubiese una educación rica y continua para que hijos y alumnos fueran educados para ser protagonistas de sus historias, pues los riesgos de traumatizarse en un ambiente estresante son grandes.

Pérdidas irreparables. No sólo los ricos son secuestrados

Cierta vez, un padre tenía una bellísima relación con su hijo de treinta años. Trabajaban y se divertían juntos. Eran dos grandes amigos. Por desgracia, el padre tuvo un tumor en la cabeza del páncreas y pronto falleció.

Aunque estaba casado y tenía a sus propios hijos, el hijo quedó muy perturbado. Desarrolló una depresión reactiva frente a la pérdida. Su Yo, en vez de gestionar su emoción y homenajear a su padre siendo más feliz, seguro y proactivo, poco a poco perdió el encanto por la vida, el placer de trabajar, la motivación para crear.

Cuanto más se angustiaba por la ausencia del padre, más archivaba el fenómeno RAM, responsable por todo proceso de archivo de las experiencias existenciales, ventanas enfermizas o *killer*, con alto poder de secuestro. Era un hombre aprisionado por la pérdida. Enfermó. No crea que sólo las personas ricas pueden ser secuestradas. Puede pasarle a cualquier ser humano, incluso al más pobre, en el territorio de la emoción. No crea que sólo los niños desarrollan ventanas altamente traumáticas. Los adultos también lo hacen. Podemos enfermar en cualquier época si nuestro Yo no aprende a proteger la emoción.

Perder hijos o a los padres son experiencias emocionales inenarrables. Aunque la nostalgia nunca se resolverá, el Programa de Gestión de la Emoción nos enseña que deberíamos trabajar nuestro Yo para proclamar dentro de nosotros mismos, y en múltiples formas, lo siguiente: ¡por amor a quien perdí, seré más feliz! No seré esclavo de esta pérdida, sino que todos los días le aplaudiré a quien partió siendo más saludable y seguro. ¡Honraré la historia de mi padre o de mi hijo no castigándome ni castigando a la vida, sino contribuyendo a una mejor humanidad!

La mejor forma de honrar a quien se fue, como digo en la película y en el libro *El vendedor de sueños*, es homenajearlo con el cáliz de la alegría y no revolcándonos en el fango de la rabia, el odio o el humor depresivo. La forma más inteligente es ser más feliz, altruista y solidario. Un grito sordo y continuo debería formar parte del Yo que transforma las pérdidas insondables en ganancias extraordinarias, en regalos que el dinero no puede comprar.

La vida es un gran contrato cuyas cláusulas vitales no están escritas. Las pérdidas forman parte de ese contrato, pero uno de los mayores riesgos es sepultarnos mientras estamos vivos, enterrar nuestro placer de vivir y nuestros sueños. Millones de personas se sepultaron a sí mismas, enterraron lo mejor que tenían.

Cuando el paciente cuya historia conté aprendió a gestionar su mente, dio un salto sin precedentes. Comprendió que, sin protección de la emoción, estaba desarrollando ventanas traumáticas altamente aprisionadoras, llamadas *killer* doble P (poder de ser inolvidables y poder de realimentarse y de encarcelar al Yo). Esas ventanas se posicionan en el epicentro de la MUC. El hijo honró la historia de su padre y transformó las tempestades en oportunidades para cultivar.

Quien no reedita las ventanas *killer*, aunque no las recuerde, las envía a la ME, o memoria inconsciente. Como comenté, ésta representa todos los extensos barrios periféricos archivados en la corteza cerebral desde los primeros instantes de la vida. Las fobias, el humor depresivo, la ansiedad, las reacciones impulsivas, las inseguridades, que no sabemos cómo surgieron ni por qué surgieron, emanaron de lecturas subliminales de la ME, la memoria existencial o inconsciente.

¿Sabe de esa soledad al atardecer, o de la angustia del domingo por la tarde? ¿Y ese miedo a la crítica social, las reacciones de celos o la preocupación excesiva por el futuro? Surgen de esas regiones. De repente, usted vio a una persona que nunca estuvo frente a usted, pero parece conocerla, o un ambiente que jamás frecuentó, pero que puede jurar que conoce. No hay nada de supersticioso en ese proceso, aunque el Yo tenga una tendencia a sentirse atraído por la superstición. Todo es muy natural, fruto de una lectura compleja y multifocal que ocurre en fracciones de segundo. Todas esas impresiones se extraen de los inmensos suelos de la ME.

Los estímulos del presente (MUC) se cruzan con miles de personajes y ambientes archivados en el pasado (ME), generando un movimiento fascinante entre el consciente y el inconsciente en el proceso de formación de la personalidad.

EL RECICLAJE DE LA BASURA MENTAL
POR EL FENÓMENO DE LA PSICOADAPTACIÓN

¿Dónde están las aprensiones y los placeres que experimentamos en el desarrollo fetal? Estuvieron en la MUC en el inicio incipiente del consciente, tan incipiente que son preconscientes, y hoy se localizan en la ME, en el inconsciente. ¿Dónde están las aventuras, los miedos, los riesgos, las travesuras de los bebés y de los niños durante la primera infancia? También se desplazaron de la MUC a la ME.

Los abusos sexuales son crímenes contra la salud emocional, pues forman ventanas *killer* doble P (con poder de influenciar y poder de secuestrar). Algunos adultos, víctimas de ese crimen cuando eran niños, parecen no recordar esas experiencias determinantes. Fueron tan traumatizantes que permanecieron bloqueadas conscientemente, pero no emocionalmente: salieron de la MUC, pero permanecieron vivas en la ME. Generan angustias, miedo de entregarse, libido comprometida, irritabilidad, bajo umbral a las frustraciones, vergüenza de uno mismo. Rescatarlas por medio del proceso terapéutico y llevar a los niños, adolescentes o adultos a reeditarlas, a no ser esclavos de la agresión de su victimario, es algo vital para que tengan una mente libre, contemplativa, generosa, ¡incluso consigo mismos!

No se puede cambiar el pasado, pues la memoria no se borra, pero es posible reeditarla, reciclar los conflictos en el presente, por lo menos los traumas más impactantes, a través de pulir y educar al Yo para ser, tanto como sea posible, el mejor autor para escribir el futuro... En caso contrario, el Yo no será capaz de dirigir su *script*, de actuar ante pensamientos perturbadores, de rechazar las emociones tensas.

Una buena parte de los traumas de menor contenido traumático, que involucra pérdidas y frustraciones, es minimizada de manera espontánea e incluso reciclada por el fenómeno de la psicoadaptación y, por lo tanto, pierde su influencia. Si no contáramos con ese fenómeno, que disminuye la intensidad del sufrimiento ante los mismos estímulos estresantes, una mala mirada, una falla en una reunión de trabajo, un tropiezo en las relaciones interpersonales, actitudes que generan *bullyings* diminutos, serían angustiantes no sólo en el momento, sino una fuente inagotable de estrés.

¿Cuántas pérdidas ha sufrido? ¿Y resentimientos? ¿Y decepciones? ¿Y reacciones fóbicas o preocupaciones? Todos los psicólogos, psiquiatras y psicopedagogos deberían estudiar la actuación del fenómeno de la psicoadaptación para reciclar de manera espontánea la basura mental de menor poder invasivo y destructivo. Pero lamentablemente, los cursos de psicología todavía no han entrado en esa última frontera de la ciencia. Si no existiera una capacidad de la emoción de psicoadaptar los estímulos estresantes diarios, la ME se transformaría en un cementerio de traumas "muertos-vivos", experiencias nunca resueltas que nos asfixiarían a cada momento.

No obstante, a pesar de la poderosa actuación de ese fenómeno inconsciente, esto es, de la psicoadaptación, hay límites para la solución espontánea de experiencias traumatizantes. Todas las experiencias con alto volumen emocional que produjeron ventanas *killer* doble P, como las traiciones, las crisis financieras, las humillaciones públicas, las pérdidas de seres queridos, pueden causar un elevado poder de aprisionamiento. En ese caso, la psicoadaptación puede no funcionar, y puede deprimir o provocar altos niveles de ansiedad.

¿Cuántos millones de seres humanos no rumian sus crisis y frustraciones? Éstas fueron tan poderosas que no sólo se volvieron inolvidables, sino que fueron leídas y releídas y realimentadas en el presente. El trauma se agiganta cuando el Yo mal formado se convierte en rehén de experiencias de alto impacto emocional. Y necesitará las herramientas aquí expuestas para ganar musculatura y autocontrol.

Los niveles de resiliencia del Yo dependen de la capacidad de psicoadaptarse y reciclar los traumas de más alto impacto emocional. Hay empresarios que quebraron innumerables veces, pasaron por los valles de la vergüenza, pero no se rindieron, no tuvieron miedo de emprender nuevamente, y por fin, vencieron.

Hay hombres y mujeres cuya pareja los traicionó, pero no hirieron a quien los lastimó, al contrario, lo trataron con elegancia. Fueron capaces de decir: "Tú puedes abandonarme, pero ten la certeza de que seré más feliz, así que sé feliz tú también". El Yo de esas personas no fue débil, punitivo, autopunitivo, autocompasivo, conformista, sino libre e inteligente. Piloteó bien la aeronave mental cuando pasaba por una violentísima turbulencia. No "vendió" su paz por un precio vil. Y ustedes, padres y maestros, ¿a qué precio "venden" su paz?

Las mentes libres no culpan a los demás, no odian a quien las hirió, no le dan vueltas a la rabia, el sentimiento de venganza y los celos, pues saben que esas emociones destruyen sobre todo a su huésped, es decir, a ellas mismas. Enseñar a los niños y a los adolescentes a no vender su paz por nada ni por nadie es dar impulso a su Yo para pilotear magistralmente su propia mente.

¡Por favor, tenga en altísima consideración esa herramienta de oro! ¿Usted se preocupa por la formación del Yo de sus hijos y alumnos? ¿O es apenas un manual de reglas señalando de manera superficial lo que está correcto o equivocado? Tal vez más de 90 por ciento de los educadores son sólo manuales de reglas. Comentaré eso más adelante, pero lo adelanto en este momento: quien es sólo un manual de reglas de comportamientos, un señalador de fallas, está apto para coordinar máquinas, pero no para formar mentes libres, creativas, resilientes, que jamás "venden" su salud emocional y su sueño a las personas que les decepcionan.

LAS MENTES HIPERSENSIBLES ENFERMAN MÁS FÁCILMENTE

Una de las características enfermizas de la personalidad que más me preocupa es la hipersensibilidad. Los psicópatas son insensibles, lastiman y no se preocupan por el dolor ajeno. Por el contrario, los hipersensibles son antipsicópatas, se van al otro extremo, con frecuencia son excelentes para la sociedad, pero, al mismo tiempo, verdugos de sí mismos. Viven el dolor de los demás, sufren por el futuro, las pequeñas ofensas los lastiman mucho, las contrariedades diminutas los abruman. Las personas así, aunque tengan una generosidad excelente, enferman emocionalmente con facilidad.

¿Sabe de esas personas que tienen todos los motivos para aplaudirle a la vida, pero son pesimistas, mórbidas, depresivas? Con frecuencia son hipersensibles. ¿Sabe de esos profesionistas que son envidiados, muy exitosos financiera y socialmente, pero son tímidos, angustiados y nunca están satisfechos? Por desgracia, no tienen protección emocional. Construyen ventanas traumáticas fácilmente en su corteza cerebral. Tienen seguro de vida, de sus autos y sus empresas, pero no de su emoción; valoran lo trivial, pero se olvidan de lo esencial. Y usted, ¿tiene un seguro emocional? ¿Y sus educandos?

¡No debemos pensar que sólo los traumas y la hipersensibilidad son los villanos de un Yo enfermo! Las personas bien resueltas, pero que desarrollaron la necesidad neurótica de trabajar o estudiar descontroladamente, comunes en Japón, por ejemplo, también enferman. Los profesionistas que absorben con voracidad toda la información diaria sin seleccionarla pueden enfermar con facilidad. Los jóvenes adictos a las redes sociales acaban encarcelando sus emociones, no se relajan, no practican deportes, no se aventuran, no contemplan lo bello.

Esta tesis le daría escalofríos a Freud si estuviese vivo: *en la actualidad, el ser humano no necesita haber experimentado traumas en la infancia para ser un adulto aterrorizado. En esta sociedad digitalmente inquieta, éste es lo bastante creativo para ser verdugo de su propia mente, para crear vampiros que succionan su energía emocional.*

4
Los límites son fundamentales

TERCERA REGLA DE ORO

◆——————•———————◆

Poner límites inteligentes

El *bullying* es una forma de producir traumas poderosos e inolvidables. Puede surgir no sólo de la relación alumno-alumno, sino también de la relación ejecutivo-trabajador, maestro-alumno. La agresividad física y, en particular, la socioemocional —que puede involucrar humillación, apodos, presión— generan ventanas *killer* doble P, con alto poder de secuestro. En todo el mundo se procura evitar al agresor, lo que es por completo insuficiente. En nuestro programa Escuela de la Inteligencia —que enseña la gestión de la emoción a los niños y jóvenes— procuramos de muchas formas proteger la mente del que ha sido agredido, estructurar su Yo para ser líder de sí mismo, lo que hace toda la diferencia en el desarrollo de la salud emocional.

Cierta vez, un alumno tuvo comportamientos que fueron reprobados por su maestra. Era conversador, alienado y, aunque experto, un tanto irresponsable. Sin embargo, en vez de establecer límites para el chico con inteligencia, conversando con él, diciéndole que le apostaba a él, que él era inteligente, pero que su comportamiento podría perjudicarlo en el futuro, ella llevó el conflicto al terreno personal. Tradujo la alienación del alumno como si él la estuviera despreciando, las conversaciones paralelas fueron traducidas como una fatal falta de respeto a su persona. Su Yo "vendió" su paz por un precio muy bajo.

Lo lastimó en la primera oportunidad que tuvo. El alumno tuvo un mal desempeño en su examen. Decepcionada con él, ella tiró al suelo el examen y le dijo que era un estúpido. El alumno falló en el examen, la maestra falló en la vida. Los alumnos también pueden intimidar y agredir a los maestros, lo que se ha vuelto común en la actualidad por el grave déficit de empatía de la juventud. Pero tenemos que considerar que el *bullying* en la relación maestro-alumno, por las enormes diferencias de poder, puede traer consecuencias gravísimas. No estoy hablando de pequeños regaños, críticas o reacciones exasperadas de los maestros; me estoy refiriendo a actitudes que promueven la humillación y la exclusión social.

En vez de exaltar el potencial de su alumno, su audacia de escribir y presentar el examen, la maestra lo ridiculizó frente a sus pares, construyó una ventana *killer* doble P en su MUC. El Yo del muchacho leyó y releyó la actitud de la maestra constantemente y archivó nuevas ventanas, formando una zona de conflicto.

Muchos de los que sufren *bullying* logran reciclarse y escapar de la órbita del dolor. El fenómeno de psicoadaptación, sumado a la actuación del Yo, logra que se vuelvan resilientes. Pero en general, el *bullying* no resuelto es una forma atroz de sabotear el desarrollo del Yo.

Los años pasaron y el alumno nunca más se sintió confiado al presentar un examen. Ante las pruebas, accedía a la zona *killer*, producía un alto volumen de tensión que estresaba su cerebro, le provocaba taquicardia y sudor frío y, todavía peor, bloqueaba el acceso a las ventanas que contenían la información que había aprendido. Lloraba sin derramar lágrimas. Tenía que estudiar el doble de sus compañeros para tener un desempeño intelectual razonable, no pocas veces insatisfactorio. La humillación de la maestra no se le salía de la cabeza, compitiendo con su placer de estudiar y su libertad de pensar. Pagó un precio altísimo.

Los padres y maestros son los seres humanos más notables del teatro social, pero cuando no gestionan sus emociones, pueden producir un teatro de terror. En cinco segundos usted no hace un discurso brillante, apenas profiere algunas palabras, pero bajo el ángulo de la teoría de las ventanas de la memoria, en cinco segundos podemos cambiar una historia para bien o para mal, producir secuestros de la felicidad y de la libertad. Los padres que dicen a sus hijos en el punto máximo de su estrés: "¡Tú sólo me decepcionas!". Los maestros que expresan a sus alumnos en los focos de tensión: "¡Nunca vas a llegar a ser nadie en la vida!". Ellos no están poniendo límites inteligentes de ninguna manera. En realidad, están produciendo ventanas *killer* doblemente poderosas, con capacidad de ser inolvidables y el poder de ser releídas y realimentadas.

En nuestra historia, el alumno se formó en una facultad y pronto consiguió un empleo. Aparentemente, no recordaba ya su conflicto, que estaba en la ME, en el inconsciente. Criticado por sus colegas, desplazaba las ventanas *killer* de la ME a la MUC, lo que le hacía sudar frío, perder el autocontrol, tener dificultad para dar respuestas inteligentes en los focos de tensión. Se exasperaba.

El fantasma del pasado lo perturbaba, sin que él pudiera localizarlo. Su conflicto pasó a interferir en la forma en que veía la vida y reaccionaba a los eventos. Después de mucho esfuerzo y disciplina, subió de puesto, se convirtió en gerente. Pero en vez de ser afectivo, generoso, tolerante con quien se equivocaba o tenía dificultades, comenzó a reproducir el comportamiento que su educadora había tenido con él. Elevaba el tono de voz, atacaba a quien pensaba diferente, procuraba mostrar que él era la autoridad máxima. No inspiraba a sus compañeros, y ellos le temían. ¡Era un esclavo viviendo en una sociedad libre!

Cierto día escribió un plan de negocios y se lo presentó al presidente de la empresa. Se sentía aprensivo. El presidente lo leyó, y no le gustó: "¡Está muy mal! ¡Vuélvalo a hacer!". Algunos de los que estaban presentes en la oficina del presidente sonrieron. Todo bien, sólo había que rehacerlo, pero quien tiene una baja autoestima distorsiona la realidad, lleva las cosas al plano personal. Su Yo era un pésimo piloto de la aeronave mental. No se interiorizó ni desarrolló un silencio proactivo (callarse por fuera y reaccionar por dentro). Fue incapaz de gritar en su mente: "Ahora voy a hacer el mejor plan de negocios. Voy a poner todo de mí para sorprender a mi presidente y al resto de los compañeros".

Y así, de nuevo, fue rehén de su pasado. Disparó el gatillo de la memoria (un fenómeno inconsciente), abrió las ventanas *killer* que contenían la imagen de la maestra y las críticas que de ella había recibido. Trajo su conflicto nuevamente de los suelos del inconsciente al consciente, de la ME al centro de la MUC. Cerró el circuito de la memoria. Se enceguecio. Explotó, alzó la voz y ofendió al presidente: "¿Quién es usted para juzgarme? ¡Usted es un arrogante! ¡No acepto esta humillación!". Perdió el empleo.

¿Seremos siempre rehenes del pasado? Cada construcción del presente viene de registros pasados, incluso la información de la MUC. Sin embargo, es casi imposible reescribir toda la "biblioteca de la personalidad" de un ser humano. No obstante, la teoría de las ventanas de la memoria no trae una gran esperanza: si resolvemos algunas de las ventanas *killer* estructurales del pasado contenidas en la ME y, sobre todo, si reconstruimos las ventanas traumáticas archivadas en la MUC, podremos vivir días sorprendentemente saludables y regados de placer.

Si así no fuera, los niños que son víctimas de guerras, de desastres naturales, de la pérdida de los padres, no tendrían oportunidad alguna de ser felices. Pero incluso en las zonas de guerra hay niños jugando. La plasticidad mental ocurre porque el Yo puede sumergirse en los lagos de la MUC, navegar en ellos, aunque el océano de la ME esté muy contaminado.

Las psicoterapias conductuales-cognitivas enfatizan la superación de las causas y de los síntomas, en fin, quieren actuar en la MUC. Por otro lado, las psicoterapias analíticas actúan en la ME, quieren develar los focos de tensión en el inconsciente. ¿Cuál es correcta? Ambas. Lo ideal sería unirlas. Sin embargo, es inadecuado enfatizar sólo la ME, porque puede ser un proceso lento para quien tiene una crisis fóbica o depresiva. Reitero: lo ideal es reeditar algunos traumas del inconsciente, del pasado, e irrigar y cuidar con dedicación el jardín del presente o del consciente. ¡Bienvenidos a los bastidores de la mente humana!

LÍMITES CON INTELIGENCIA

¿Educar a los hijos para ser reyes, o actores democráticos? He ahí la cuestión. La tercera regla o herramienta de oro para educar hijos y alumnos saludables es poner límites con inteligencia. Todo niño, todo joven necesita límites. Los límites inteligentes nos protegen, nos hacen lidiar con la libertad, los riesgos, las barreras, las dificultades.

Los límites inteligentes nutren al Yo para ser un actor social, para establecer sus derechos y deberes. Sin límites, el Yo se transforma en dictador, incluso autodestructivo. Las sociedades humanas son fuentes de libertad reguladas por innumerables límites, de la velocidad de los autos al volumen del sonido, de las filas en la caja del supermercado a los deberes civiles.

Los límites deben ser inteligentes, no castrantes ni saboteadores o punitivos, sino promotores de la formación del ser humano como líder de sí mismo, como ser autónomo, protagonista de su historia y corresponsable por el bienestar social.

Las familias y las escuelas no son democracias, sino cuna para el desarrollo de la democracia, una cantera para que la libertad y la responsabilidad florezcan juntas. Los padres débiles tienden a dar a los niños los mismos derechos que ellos tienen, no logran poner límites. Las escuelas permisivas también tienden a ofrecer una libertad excesiva a sus alumnos, lo que compromete el desarrollo del Yo.

Los hijos no tienen los mismos derechos que los padres, ni pueden tenerlos. Un niño no debe dormirse a la hora que quiera, y si los padres lo permiten, estarán educando seres humanos irresponsables con la propia salud física y mental.

Los niños no pueden comer y cenar a la hora que quieran o alimentarse sólo con lo que les gusta, pues se llenarán con alimentos industrializados con altísimos niveles calóricos y un alto nivel de sodio, lo que puede desarrollar riesgos de obesidad y otros trastornos.

Los niños y los adolescentes no pueden jugar sus videojuegos o usar el celular sin límites y contrapartidas, por ejemplo, leer libros y ayudar al buen funcionamiento de sus familias. En caso contrario, los hijos serán intoxicados digitalmente, desarrollarán ansiedad, insatisfacción crónica, dificultad para lidiar con el estrés y elaborar experiencias.

Los niños y los jóvenes tienen muchos más derechos que sus padres: derecho a estudiar, a jugar, a practicar deportes, a tener amigos, a aventurarse. Además, los padres dejan de dormir para que sus hijos tengan un buen sueño, renuncian a algunos sueños para que ellos puedan soñar, trabajan arduamente para satisfacer las necesidades de sus hijos. Sin embargo, muchos hijos no reconocen la grandeza y el valor de sus padres. No muestran gratitud.

Pero ¿quién tiene la culpa, los padres o los hijos? Los padres. La gratitud no es un don genético, sino una habilidad socioemocional compleja. Los padres cometen un error si ofrecen a sus hijos una vida extremadamente fácil, sin límites, sin contrapartidas, sólo con derechos. No enseñarles los deberes básicos ni asignarles responsabilidades genera autoritarismo, consumismo e ingratitud. Si tienen la oportunidad, los jóvenes pueden estar a un paso de caer en el uso de drogas.

Los hijos sabios deberían respetar su cuerpo, sus pares, su país. Las mentes brillantes saben que la vida es brevísima para vivir, pero larguísima para equivocarse, incluso con uno mismo. Los alumnos inteligentes aprenden a ponerse en el lugar de los demás y a reflexionar sobre sus acciones.

Los padres felices tienen mayores probabilidades de formar hijos felices. Los padres mal resueltos tienden a dar en exceso a sus hijos aquello que ellos no tuvieron. Y todo en demasía puede tener graves efectos colaterales, incluso beber agua.

Los padres deberían tener muy en cuenta a sus hijos, pero no deberían dejar de vivir sus vidas, tener proyectos, luchar por sus sueños. Deberían enamorarse más entre sí, vivir una existencia emocional y social agradable. Amar a los hijos no quiere decir anularse por ellos, ser permisivo, complacer todos sus gustos y atender a sus pedidos con urgencia. La mayor urgencia es transformarlos en autores de su propia historia.

Los educadores inteligentes establecen límites inteligentes para sus hijos y alumnos. Respetando la cultura, la religión y el nivel social de las familias, daré algunos ejemplos de límites inteligentes.

OCHO LÍMITES INTELIGENTES FUNDAMENTALES

Límite 1. Tener educación financiera

En nuestra sociedad consumista, que nos transforma en compradores en potencia, a la que no le importa el futuro emocional de los niños y los jóvenes, controlar los gastos es vital, economizar es esencial. Por eso, dar mesadas puede ser una fuente importante de límites. Tener desde temprano mesadas y no dinero en abundancia es vital para no generar adolescentes consumistas desenfrenados, hambrientos de nueva ropa, tenis, aparatos. Tener acceso a mucho dinero y bienes materiales puede ser una desventaja emocional, generar ventanas *killer* que sobreexcitan a una mente insaciable, haciendo que los niños y adolescentes mendiguen el pan de la alegría.

No sólo la falta de dinero empobrece, sino que su presencia sin control puede empobrecer la personalidad, asfixiar la generosidad, el altruismo, el placer de vivir, la resiliencia, la autonomía. Los jóvenes deben gestionar su emoción para saber que rico es aquel que conquista lo que el dinero no puede comprar, como el amor, la autoestima, la cooperación, la osadía, la capacidad de emprender. Los hijos que no tienen límites en sus gastos no tendrán límites en la vida.

Límite 2. *Tender la cama*

Enseñar que la cama es un terreno sagrado para reponer energía física y mental es algo importantísimo. Tender la cama por la mañana después de una agradable noche de sueño debería ser un ritual placentero y no tedioso, capaz de fomentar la disciplina y contribuir a formar niños y niñas responsables.

Límite 3. *Guardar los platos y cubiertos*

Las tareas sencillas, que no afectan el cuerpo de los niños y adolescentes, sino que los llevan a formar parte del grupo familiar son fundamentales para que entiendan que la familia es un equipo. En ese equipo, todos participan y se ayudan. Los hijos no están en la banca de reserva. Ellos deben sentirse actores fundamentales en el teatro familiar.

Ser concebido dependió de los padres, nacer dependió de los médicos, caminar dependió de los adultos, aprender dependió de los maestros, comer dependió del agricultor que cultivó los alimentos y de quien los preparó, hasta morir dependerá de alguien que nos entierre. Siempre somos dependientes de las personas; por eso, la gratitud es fundamental para la salud emocional y la cooperación es vital para la salud social.

Quien sólo tiene derechos y no obligaciones se convierte en un pequeño dictador. Quien no aprende desde temprano a lidiar con los límites será egocéntrico, transformará a sus padres en sus sirvientes, deseará que el mundo gravite en su órbita.

Límite 4. Hacer las tareas escolares

Las tareas de la escuela son sagradas, y deben ser hechas con ritmo y disciplina, aunque saber estudiar sea más importante que el tiempo que se dedica al estudio. Desde la educación infantil, los niños deberían sentir placer al estudiar. La escuela debería ser encarada como un restaurante del conocimiento, no como una fuente de fastidio. Por eso, las reglas que preconizo en este libro son cruciales para un maestro brillante en el salón de clases.

Padres y maestros deberían mostrar que hacer las tareas de la escuela no es un sacrificio, sino un oasis. Pero no quiera convencer a un adolescente que nunca fue disciplinado de que debe estudiar, de que la tarea escolar es un paraíso. Es necesario comenzar desde la infancia.

Desde temprano, los niños deben creer que son inteligentes, capaces e importantes para la familia, la sociedad y la escuela. Cada progreso, cada respuesta, e incluso cada crisis deben ser aplaudidos para formar ventanas *light* saludables, para desarrollar habilidades socioemocionales y formar un Yo fuerte, seguro, audaz y afectivo. Los niños tienen que aprender a sentir placer al estudiar no para los exámenes, sino para la vida. El conocimiento debe ser una aventura.

Los alumnos deberían entender que materia dada es materia estudiada, y materia estudiada es materia recordada. Estudiar de quince a treinta minutos la materia dada en el día y recordar por cinco minutos sus puntos principales o síntesis en las semanas siguientes, es una forma de pulverizar los archivos dentro de la MUC y dar un salto en el rendimiento intelectual.

Los padres no deberían ser las niñeras de sus hijos, haciéndoles la tarea o asumiendo esta responsabilidad. Si no hacen la tarea escolar después de comer y descansar, explíqueles la necesidad y muestre las consecuencias. Por cierto tiempo, no tendrán celular, videojuegos, televisión y otras cosas que les gustan. Así, simple, sin elevar el tono de voz y sin irritarse.

Límite 5. Usar los celulares con inteligencia
En las últimas entrevistas de Steve Jobs, él contó que no permitía que sus hijos usaran el iPhone. Por lo menos, creo, no en exceso. Como veremos posteriormente, la intoxicación digital es una fuente de ansiedad. Cada padre debe establecer sus propios límites para sus hijos, pero daré siete principios en teoría:

1. Nunca usar el celular dos o tres horas antes de dormir, pues excita la construcción de pensamientos y afecta el sueño.

2. Los niños de cinco a siete años no deberían usar el celular, sino jugar, tener contacto con la naturaleza, aventurarse.

3. Los niños de siete a diez años deberían usarlo media hora al día para no asfixiar la capacidad de contemplar lo bello, practicar deportes y construir experiencias.

4. Los preadolescentes deberían usarlo una hora al día, media hora después de la tarea en casa y media hora en la tarde, después de las actividades y los juegos.

5. Los adolescentes deberían usarlo como máximo de una a dos horas al día, incluyendo las redes sociales. Jamás deben sustituir la conexión real consigo mismos y con los demás por el contacto virtual.

6. Los adultos, a no ser que usen el celular como instrumento de trabajo, deberían también usar aplicaciones y redes sociales como máximo de una a dos horas por día en horarios programados, para no enviciarse.

7. Todos los miembros de todas las familias "modernas" deberían prohibir usar el celular cuando están alrededor de una mesa, sabiendo que faltarle el respeto a esta última regla de gestión de la ansiedad es faltarle el respeto a la salud social. Es un crimen emocional que los miembros de la familia no se miren a los ojos y no dialoguen. ¡Son ejemplos de familias emocionalmente fallidas!

Alguien podría decir: "Pero ¿usarlo sólo de una a dos horas al día no es poco?". En modo alguno. Hace pocas décadas vivíamos sin celulares y había menos depresión, ansiedad, enfermedades psicosomáticas. Los celulares son importantes para que los hijos se comuniquen con los padres y para que los padres localicen a los hijos, pero eso no es disculpa para usar sus aplicaciones de manera descontrolada. Los *smartphones* envician como drogas, promueven la ansiedad, la irritabilidad, la inquietud, aunque hayan traído beneficios para la comunicabilidad, la accesibilidad y la productividad. Más adelante estudiaremos eso.

Límite 6. Usar los videojuegos con inteligencia
Nuevamente, los límites dependen de los padres. Pero, en mi opinión, no se debería jugar un videojuego más de una o dos horas diarias, y sólo dos o como máximo tres veces por semana. He dado conferencias a innumerables magistrados y educadores hablando con tristeza sobre el asesinato colectivo de la infancia. La infancia es la fase más importante para formar plataformas de archivos que estructuran las características más importantes de la personalidad, incluso la empatía y la capacidad de trabajar las frustraciones. Los *smartphones* y los videojuegos son dos causas importantes de ese pernicioso asesinato.

Jugar videojuegos no es practicar deportes. Algunos juegos no violentos estimulan la concentración, la elaboración del raciocinio, la construcción del pensamiento estratégico, en fin, promueven la cognición. Los movimientos rápidos, el cambio de escenas y sorpresas dentro de los juegos tienen efectos colaterales, amoldan la mente humana a un ritmo frenético, lo que impulsa la ansiedad y la insatisfacción crónica.

El usuario de videojuegos desarrolla sed de esa avalancha de estímulos en el ambiente social, pero no la encuentra, lo que provoca que se aburra con frecuencia. La rutina, que muchas veces es inevitable, se vuelve una cárcel para los niños que se exponen muchas horas diarias a los videojuegos.

Límite 7. Tener un horario para practicar deportes

Los deportes deberían ser alentados. Los juegos colectivos desde temprano llevan a los niños y a los jóvenes a aprender a lidiar con límites, a competir, a enfrentar las frustraciones, a trabajar en equipo y cooperar con sus compañeros. Los hijos y alumnos que no practican deportes, aunque hay excepciones, tienden a tener un sueño de peor calidad y un umbral más bajo para soportar las frustraciones.

Límite 8. Saber conquistar

Saber esperar es fundamental. Querer todo rápido y listo es ponerle combustible a la ansiedad. Debemos satisfacer las necesidades de los hijos y, dentro de lo posible, darles algunos regalos para alegrarlos, distraerlos, involucrarlos. Pero atender los pedidos de los niños y de los jóvenes a la velocidad que quieren no los prepara para la vida.

Las principales cosas de la vida se conquistan con lentitud. Y todas las conquistas implican pérdidas en el camino. Lidiar con el tiempo y con las adversidades es hacer madurar al Yo como piloto de la mente. Dar un exceso de regalos, como estudiaremos, genera miseria emocional. Vicia a la mente humana a necesitar mucho para sentir poco.

Cuando más temprano se pongan límites, mejor serán aceptados. Querer que un chico de doce años que nunca fue educado para tender su cama o poner su plato en el fregadero realice esas tareas con alegría de un momento a otro es una actitud ingenua. Ponga límites desde la infancia, muestre qué importante y placentero es ayudar al buen desempeño de la familia. Comente que él es un elemento vital de ese equipo.

Querer que un adolescente de dieciséis años ayude con gusto a recoger algunos papeles tirados en el patio de la escuela es igualmente ingenuo. Pero educarlo desde temprano para que entienda que el planeta Tierra está gimiendo, y que necesitamos cuidarlo educa al Yo a ser participativo y no egoísta.

Claro, si los padres ponen en práctica las otras reglas de oro de este libro, encantarán a sus hijos, serán sus héroes, cautivarán el territorio de sus emociones, lo que facilitará la aplicación de límites. Los padres fastidiosos tendrán dificultades.

Muchos padres no educan a sus hijos para vivir saludablemente en una democracia, donde hay obligaciones y derechos, sino en un reino donde ellos son los reyes, y el resto de las personas, sus siervos. Los padres que no ponen límites claros e inteligentes a sus hijos serán sus rehenes, tendrán dificultades para formar mentes libres y autónomas, y facilidad para formar mentes autoritarias y ansiosas.

5
El educador es un pacificador de la mente de sus educandos

Pacificar la mente de nuestros hijos es calmarlos cuando están desesperados, apaciguarlos en momentos de estrés o berrinche y, sobre todo, llevarlos a enfrentar sus fantasmas mentales, a impugnar sus miedos, gestionar su ansiedad, administrar sus pérdidas y frustraciones. Esta regla o herramienta de oro es multifocal; para comprenderla y aplicarla necesitaremos de las otras herramientas expuestas en los otros capítulos. Por lo tanto, este capítulo servirá sólo como una introducción.

Muchos padres no ponen límites a sus hijos para evitar sus berrinches, sus escándalos y sus crisis emocionales, una falla tremenda. Esta actitud no pacifica sus mentes, sólo esconde sus fantasmas. En el fondo, los están criando en un invernadero. Cuando caigan en la vida, cuando dejen las alas de sus padres, no tendrán anticuerpos emocionales para soportar las crisis, los conflictos, la competencia predatoria, los percances de la existencia.

Algunos padres adoptivos evitan poner límites a sus niños para tratar de compensar la angustia de no haberlos tenido biológicamente. Les dan una libertad poco inteligente y excesiva, lo que es un error dramático. Los padres adoptivos no deben sentirse disminuidos ni saturados de miedo por el futuro. Aplicar las herramientas de oro para formar un Yo saludable puede ayudarles muchísimo.

Creo sinceramente que la palabra "adoptivo" debería ser eliminada del mapa educativo. Para el Programa de Gestión de la Emoción no existen padres adoptivos; lo que existe son padres psicológicos o emocionales. Los padres que adoptaron a un niño sólo no son padres de la MG (memoria genética), pero son los verdaderos padres de la MUC (memoria de uso continuo) y de la ME (memoria existencial), las dos memorias fundamentales para nutrir el complejo proceso de formación de la personalidad.

Aunque los padres hayan adoptado a un adolescente y no a un niño, y por lo tanto, con la MUC y la ME ya razonablemente formadas, con las herramientas de gestión de la emoción es posible influir en el desempeño de la personalidad. Nadie es inmutable, siempre que el Yo sea educado, pulido, entrenado para ser protagonista de su historia aun con dificultades.

Nada es más bello que sacar a los niños de las casas de acogida y adoptarlos, no importa su edad. Quien así actúa brinda humanidad. Espero que muchos, al leer esta obra, puedan animarse a sacar a esas criaturas de la soledad, dándoles el derecho a tener un hogar. Quien acoge a un niño irriga su felicidad y su salud emocional, se vacuna contra la toxicidad de su propia soledad.

Miles de ventanas que contienen millones de experiencias tanto del centro consciente (MUC) como del inconsciente (ME) provienen principalmente de la relación con los educadores. Por lo tanto, las características socioemocionales fundamentales para la existencia de un ser humano, como pensar antes de reaccionar, ponerse en el lugar del otro, trabajar las pérdidas y frustraciones, el altruismo, la seguridad, el autocontrol, se nutren de esas ventanas.

Todos los padres y profesores deberían ser entrenados para pacificar, con suavidad y firmeza, con determinación y explicación, las crisis y frustraciones de sus hijos y alumnos. Los padres, en especial, deberían preguntar sobre las dificultades ocultas de sus hijos, los miedos que los invaden, qué pesadillas los perturban. Deberían indagar si han padecido *bullying*, si se sienten excluidos, intimidados. Trataremos este tema con más detalle cuando estudiemos el diálogo entre padres e hijos. Sin embargo, pacificar sus mentes es vital para formar individuos brillantes y saludables. El educador es un pacificador de la mente de los niños y de los jóvenes.

TÉCNICAS PARA PACIFICAR LA MENTE EN LOS FOCOS
DE TENSIÓN: BERRINCHES Y ESCÁNDALOS

Los padres y maestros que no penetran en las capas más profundas de la mente de sus hijos y alumnos están tratando los síntomas, pero no las causas, aplican anestésicos, pero no atienden las heridas, viven en la superficie de la educación.

Casi todos los años hablo ante miles de psicólogos. No estoy diciendo que los padres y maestros deberían sustituirlos, pues no son psicoterapeutas, pero estoy afirmando que los padres y maestros deberían usar las técnicas de gestión de la emoción para proteger las mentes de niños y jóvenes como forma de prevenir los trastornos mentales. Ésa es una tarea de la educación, no de la psicoterapia.

Habrá berrinches, surgirá estrés. Los berrinches pueden ser una señal de niños saludables, determinados, osados, pero que todavía no aprendieron a tener límites, que chantajean para obtener ventajas. Recuerde las diferencias entre un Yo maduro y uno inmaduro. Su Yo todavía es infantil. No entre en ese juego, no sea parte del público: pelear, elevar el tono de voz, entrar en conflicto son actitudes que pueden reforzar comportamientos inadecuados, además de asfixiarlos más todavía.

Los niños, y en especial los adolescentes, son expertos en hacer comparaciones ("¡Mis amigos lo tienen, pero yo no!"), ejercer presión, jugar pesado. Todo eso forma parte del proceso de formación de la personalidad. Sea generoso, pero firme.

Revise seis estrategias para pacificar la mente de los niños en los focos de tensión: 1) no tenga miedo de los berrinches, la tempestad pasará; 2) primero pacifique su propia ansiedad, después la de ellos, no se desespere; 3) no grite ni quiera dominarlos por la fuerza; 4) hable tranquilamente cuando ellos estén gritando o estén tensos, baje su tono de voz, impresiónelos con su inteligencia y bondad; 5) refuerce que sólo conversará con ellos cuando se calmen; 6) sea consciente de que su objetivo no es adiestrar la mente de sus hijos y alumnos, sino enseñarles a pensar, es formar un ser humano inteligente, un actor social productivo y sabio, y no un siervo.

Si usa esas estrategias, usted será un pacificador de la mente humana en crisis, un ingeniero de ventanas *light* en los suelos de la muc. Esas ventanas harán que poco a poco el Yo de los niños madure. Pero no espere resultados de un día para otro. Las características de las personalidades saludables dependen de cientos de archivos o ventanas. Los resultados vienen con las semanas y los meses. Persevere.

A veces, pacificar la mente significa callarse y esperar a que se calme. Reitero: actuar como público de las mañas, las artimañas, los espectáculos de los hijos y alumnos, con gritos, conflictos y peleas, además de registrar en ellos ventanas *killer*, expande el síndrome del circuito cerrado de la memoria, hace que sigan repitiendo el ritual enfermizo de los berrinches y los escándalos.

Los niños muy bien portados y superobedientes deben llamar nuestra atención. Si son alegres, sociables, creativos, no debemos preocuparnos; pero si viven aislados, cabizbajos, superapegados a sus padres, puede ser una señal de depresión, abuso sexual, *bullying* crónico, estado fóbico o excesiva timidez.

Yo siempre dialogué mucho con mis hijas sobre sus conflictos y sus dificultades. Ellas aprendieron a abrirse conmigo, a hablar de sus temores, a contar sus crisis emocionales. Es sorprendente: en ciertos momentos, ellas aparentemente estaban viviendo en un oasis excelente, pero por dentro experimentaban un intenso desierto. Ellas me amaban al ayudarlas en esa travesía.

Por favor, hable con sus alumnos más irritables, inquietos, agresivos, alienados, aparte de los otros alumnos. Pregunte qué fantasmas emocionales los atormentan. Pacifíquelos. Hágalo con sus hijos continuamente.

Cuántos gravísimos conflictos podrían evitarse si los padres y maestros penetraran en el territorio de la emoción de sus educandos, incluso para remitirlos a un psiquiatra o psicólogo, si fuera el caso. Es fundamental preguntar sobre los sufrimientos que los niños y los adolescentes están viviendo sin tener el valor de expresarlos, si alguien está de alguna forma abusando de ellos o humillándolos.

Recuerdo a la directora de una escuela que, después de asistir a una de mis conferencias, se levantó ante el público y con lágrimas dijo que hacía poco tiempo una alumna la había buscado pero, como estaba atareada, no prestó atención al semblante de la chica. Lo dejó para otro día. Pero ya no dio tiempo: la chica se suicidó...

Hay miles de jóvenes que están a punto del suicidio, esperando que alguien pregunte sobre su drama, que los abrace en un momento difícil, que les pregunte por qué están ansiosos y agresivos, que sea capaz de decirles palabras sencillas, pero impactantes: "Creo en ti", o "No tengas miedo de la vida, ten miedo, eso sí, de no vivirla intensamente", o incluso "Yo ya pasé por una tempestad emocional parecida; espera, que en breve volverá a salir el sol".

Lamentablemente, en la era de la industria del entretenimiento, estamos ante la generación más triste de todos los tiempos. Nunca estuvo el Yo tan mal formado, nunca fue un conductor tan débil de una aeronave que vive en constante estado de turbulencia. Ha aumentado 40 por ciento el índice de suicidios entre jóvenes de diez a quince años. Una estadística mundial tristísima.

Tipos de padres no pacificadores de la mente de sus hijos

Los padres y maestros cartesianos, racionalistas, no saben lidiar con las turbulencias que ocurren en la mente de sus hijos y alumnos. A la primera señal de alboroto, los mandan a psicoterapia. Se eximen de la responsabilidad, pues se sienten recelosos de entrar en el campo minado de la emoción, en una esfera que no dominan. ¡Qué equivocados! Confíe en su propia sensibilidad, madurez y capacidad para corregir el rumbo.

Recuerde que no debe imponer obediencia ciega para mostrar que existe una autoridad en su familia, que quien manda es usted. Eso es una estupidez. Aunque nuestros hijos hagan algunos escándalos frente a los demás, lo importante no es perder algunas batallas, sino ganar la guerra, es decir, formar pensadores, mentes brillantes. La verdadera autoridad emana de la sabiduría, de un Yo maduro que es primero líder de su mente para después liderar la de sus hijos y alumnos.

No pegue, no lastime a sus hijos, no sea austero en exceso, no los humille en público, no sea un constructor de ventanas traumáticas en sus cortezas cerebrales. Sea un sabio, un pacificador, y no un factor de estrés en la vida de quien ama. Usted aprenderá muchas técnicas aquí, ligadas a la frontera más compleja de la mente humana, la gestión de la emoción. Esas técnicas son mucho más eficientes e inteligentes que el castigo físico. Una de ellas de la TTE (técnica de la teatralización de la emoción).

Tenga siempre en mente que educar es sembrar con paciencia y cosechar con perseverancia. Su objetivo como educador no es un resultado inmediato, sino contribuir a que los niños y jóvenes tengan un Yo maduro, lúcido, crítico, autocontrolado.

A continuación le mostraré algunos tipos de posturas inadecuadas de los padres en la educación de sus hijos, que deberían ser recicladas de todas las formas posibles. Hay muchos tipos; de momento, citaré sólo los más relevantes. Si usted se identifica con alguno, no se culpe, recíclese, no se desanime; en cambio, reinvéntese, pues aunque sus hijos ya estén formados, siempre es tiempo de pedir disculpas y comenzar a usar herramientas de oro para construir puentes y caminos en tierras devastadas. Los oasis más deslumbrantes nacen en los más cálidos desiertos. Nunca es tarde para volver a comenzar.

1° *Padres sobreprotectores*

La sobreprotección no genera defensas emocionales para que los niños sobrevivan en una sociedad estresante. Produce innumerables ventanas *killer* en la MUC, que hacen que los hijos no evolucionen su personalidad, no sepan escuchar un "no", sean débiles ante los rechazos, presenten dificultades para levantarse de los tropiezos y reinventarse al pasar por los valles de las derrotas.

Los padres que satisfacen todos los deseos de sus hijos forman reyes y no seres humanos comunes. Los padres que dicen "no" y después ceden dándoles a sus hijos lo que éstos quieren, porque no soportan su irritabilidad, forman un Yo controlador, arrogante, que irá hasta las últimas consecuencias para obtener lo que quiere.

2° *Padres* workaholics

Estos padres trabajan en exceso, no tienen tiempo ni para ellos, mucho menos para quienes aman. Algunos se sienten culpables por no dedicarse a sus hijos como ellos merecen. Y para aliviar el sentimiento de culpa, se equivocan, comprándoles el mundo a los niños, lo que los vuelve más vacíos e insatisfechos.

El tiempo cuantitativo es importante, pero el tiempo cualitativo es vital. De nada sirve tener mucho tiempo y ser un educador crítico, impaciente, intolerante, inepto para educar a sus hijos. Es esencial usar las herramientas que comentaré dentro de poco, disponibles para que los padres intercambien experiencias, encanten, envuelvan, penetren en el mundo de sus hijos.

3° *Padres emocionalmente inestables*

Los padres que dicen "sí" y después dan marcha atrás, que en un momento prometen y en otro traicionan sus promesas, que en un momento elogian y después agreden, se convierten en ingenieros de las ventanas más traumáticas de la personalidad. Como centro de la consciencia del psiquismo, la MUC necesita ser un puerto seguro para que el Yo pueda anclarse.

La inestabilidad de los padres produce un efecto de fuelle en la emoción de los hijos. En un momento están alegres; en el otro, tristes; en un periodo tienen sueños; en el otro, retroceden tímidamente ante el primer obstáculo. Son personas que sueñan mucho, pero que no materializan sus sueños. Su emoción es una montaña rusa, fluctuante, no tienen la madurez para soportar las intemperies de la vida.

4° *Padres explosivos*

Los padres explosivos son una bomba cerebral ambulante. Cuando son mínimamente contrariados, elevan el tono de voz. Si la agenda cambia, si un hijo no responde a sus expectativas, si su compañía los decepciona, es motivo suficiente para perder los estribos.

Los padres explosivos no tienen ni un mínimo autocontrol. Su Yo es autoritario, impone y no expone sus ideas. Presionan tanto a sus hijos a seguir sus órdenes, que forman mentes serviles en vez de libres. A veces, los hijos salen a su imagen y semejanza, reproducen su carácter explosivo, su agresividad y sus reacciones exasperadas, pues tienen muchas ventanas *killer* doble P que los secuestran.

5° *Padres ansiosos*

De todos los tipos de padres, ninguno es más común que los ansiosos. Tienen dolores de cabeza, sufren por el futuro, se preocupan de más por todo y todos. Su mente no descansa, no se tranquiliza. Algunos padres son tan impacientes que tienen dificultad para convivir con personas lentas.

Hay madres inquietas que no soportan ver a sus hijos hablar calmadamente y comer despacio, porque de inmediato gritan: "¡Mi hijo es autista!". Están estresadas y estresan a todos a su alrededor. Los padres ansiosos tienen la tendencia a generar hijos ansiosos. Imprimen tantas ventanas que financian la tensión y la irritabilidad para que poco a poco ellos expresen las características de sus propios padres.

Cálmese, la vida es asombrosamente corta. Entrene para relajarse, entrene para no inquietarse. Por amor a sus hijos, hable despacio, coma despacio, haga las cosas con calma y acompasadamente. El mundo no se va a acabar, pero para los ansiosos todo tiene que ser para ayer pues el mañana no existe.

6° *Padres impulsivos*

Los padres impulsivos no por fuerza son explosivos o intensamente ansiosos, aunque algunos lo sean. Su característica fundamental es que reaccionan rápidamente, sin reflexionar sobre las consecuencias de sus actos, por lo menos en los focos de tensión. Los padres impulsivos no pueden sufrir la mínima contrariedad, porque rebaten; cuando son confrontados, critican.

Parece que están siempre empuñando la ametralladora de la crítica, lista para disparar a quien los frustra. Algunos sufren con su impulsividad, saben que los hará crear un clima familiar y profesional insoportable, están conscientes de que están perdiendo a quienes más aman, pero su Yo es un esclavo del fenómeno golpe-contragolpe. No saben pilotear relajadamente su aeronave mental.

Las personas impulsivas, al contrario de lo que muchos creen, incluso ellas mismas, no están condenadas a vivir esclavas de su reactividad. Pueden y deben reeditar las ventanas *killer* y reciclarse. Para eso, deben poner en práctica la técnica DCD (dudar, criticar y determinar), entrenar a su Yo para el autocontrol, desarrollar la habilidad para gestionar sus emociones. Pero el proceso no es mágico, debe ser lento y disciplinado.

¿Somos pacificadores o estresadores de nuestros hijos?

Padres e hijos deberían desarrollar herramientas de protección mental para no tener un alto índice GEEI. De este modo, pueden ser libres, administradores de sus pensamientos, filtrar los estímulos estresantes, con buen humor, contempladores de lo bello. Cuando desarrollé el primer programa mundial de Gestión de la Emoción,[*] concebí el índice GEEI (gasto de energía emocional inútil). Quedé convencido de que somos consumidores irresponsables de energía emocional. Agotamos nuestro cerebro como nuestros propios verdugos.

Quien posee un bajo umbral para las frustraciones sufre por anticipación, rumia pérdidas y frustraciones del pasado, se cobra de más y tiene la necesidad neurótica de cambiar al otro. Presenta un altísimo índice GEEI. Si su GEEI es alto, usted puede ser excelente para su empresa, sociedad y familia, pero será un violador de su propia salud mental.

Mis alumnos de gestión de la emoción, así como mis hijas y sus parejas, se monitorean cuando entran en conflicto o en discusiones sin sentido. Uno bromea con el otro diciendo: "¡Eso es GEEI!". ¡Perciben que están gastando tontamente su energía emocional!

Como menciono en el libro *El hombre más inteligente de la historia*, el discurso más famoso de todos los tiempos, el Sermón de la Montaña, es en realidad un tratado de salud emocional y felicidad inteligente. Por desgracia, las religiones y las universidades fallaron dramáticamente al no haber estudiado el intelecto de Jesucristo. La mente más brillante de las que han transitado por esta tierra pasó intacta a los ojos de la psiquiatría, de la psicología, de la psicopedagogía y la sociología. En el mismo libro, digo que una de las reglas de oro defendida por el Maestro de

[*] Consultar Augusto Cury, *Gestión de la emoción*, Océano, 2022.

maestros para desarrollar la gestión de la emoción es "felices los pacificadores...". ¡Millones de teólogos y estudiosos leyeron ese pasaje durante dos mil años y no entendieron la técnica de gestión de la mente poderosa y revolucionaria!

Sus discípulos sólo le daban dolores de cabeza; incluso Juan, el más amable de ellos, tenía una personalidad explosiva, bipolar, impulsiva y con la necesidad neurótica de poder. En un momento era generoso para, al siguiente, reaccionar según el fenómeno acción-reacción, proponiendo eliminar a quien supuestamente contrariaba a su maestro. Tanto Pedro como Juan eran una bomba emocional ambulante. Ambos debían ser desarmados. ¡Pero el Maestro de la gestión de la emoción entrenaba el Yo de ellos no sólo para ser tranquilo, sino para ser tranquilizador, pacificador de los fantasmas mentales propios y ajenos!

¿Qué hombre fue ese que hablaba de herramientas de autogestión de la mente humana que la psiquiatría y la psicología todavía desconocen? ¿Qué maestro era aquel que trabajaba el psiquismo de sus discípulos para formar mentes brillantes a partir de mentes inquietas, intolerantes, impulsivas? Me gustaría mucho que los que están leyendo este libro tuvieran acceso a esta obra.[*]

Los pacificadores son agentes que previenen trastornos emocionales, que solucionan los conflictos pacíficamente, que instigan a sus liderados, incluyendo a sus hijos y alumnos, a viajar hacia el interior de sí mismos. A diferencia de

[*] Consultar Augusto Cury, *El hombre más inteligente de la historia,* Océano, 2018.

los pacificadores, los estresadores promueven la intolerancia, la irritabilidad, los conflictos y las disputas insanas. ¿Usted es un educador estresador o pacificador?

Muchos padres y maestros, por desgracia, son fuentes notables de ansiedad. Aproximarse a ellos es una invitación a perder la paciencia. No saben ni mínimamente aliviar su tensión ni mucho menos la de quien aman. Los educadores estresadores no dejan que nadie los fastidie, son expertos en discutir, maestros en cobrar a los demás, aptos para trabajar en una institución financiera, pero no para tener una bella historia con aquellos que dicen amar.

Entrenar para volverse un pacificador es una valiosísima regla de oro. Es reírse de las nimiedades, es ser capaz de relajar a los hijos, alumnos y hasta nuestros compañeros diciendo: "Tú te ves más guapa(o) cuando estás nerviosa(o)". Nuestra sociedad, las empresas, escuelas y familias deberían ser centros de formación de mentes pacificadoras, pero lamentablemente son formadoras de mentes alteradas, inquietas, que se irritan y se frustran con facilidad...

Pacificar nuestras mentes y emociones

Pacificar la emoción de los hijos y alumnos no es ser pasivo, permisivo o sobreprotector, sino darles libertad para atreverse y poner límites para su desarrollo. Es educar su Yo para pilotear con inteligencia su aeronave mental, entrenarlos para entender que todas las elecciones conllevan pérdidas, que todas las actitudes tienen consecuencias, que es necesario retroceder para ganar, pedir disculpas cuando fallamos, pero darnos siempre una nueva oportunidad.

Pacificar la mente de nuestros educadores es equipar su emoción para no comprar lo que no les pertenece, es abrazar más y juzgar menos, apoyar más y criticar menos. Es, por encima de todo, estar conscientes de que no existen hijos y alumnos perfectos, ni padres y maestros que no fallan, sino seres humanos en construcción, que tienen el valor de siempre comenzar de nuevo...

Pacificar nuestra historia es tener consciencia de que más vale una comida sencilla en paz que una montaña de oro en medio de las angustias, es valorar las cosas simples y anónimas, sentir el "sabor" del agua, la brisa de los elogios, el toque de confianza diciendo "no renuncies a tus sueños". Y, de ese modo, hacer de la vida un espectáculo imperdible, aunque las lágrimas sean escenificadas en el teatro de nuestros rostros.

6
Cómo educar hijos y alumnos complejos, hiperactivos y ansiosos: la técnica de la teatralización de la emoción (TTE)

Todos los días, usted y yo accedemos a la información de la MUC (memoria de uso continuo) para desarrollar respuestas sociales, tareas profesionales, comunicación, ubicación espacio-temporal. Para asimilar las palabras de este libro, usted está utilizando millones de datos que están en gran parte en la MUC. Pero, de vez en cuando, mis palabras lo llevan a su inconsciente. En estos casos, usted viaja a la ME (memoria existencial).

Los elementos del idioma actual están en el centro de la memoria. Si usted conoce otro idioma, pero hace años o décadas que no lo habla, le será difícil acceder a él, porque sus elementos se fueron a la periferia, a la ME. Con el tiempo, al practicar ese idioma, usted trae sus elementos nuevamente al centro, a la MUC, y su fluidez regresa. El proceso de formación de la personalidad se inicia en la MUC y se desplaza hacia la ME, y viceversa. El consciente y el inconsciente son dos vecinos que invaden constantemente la casa del otro.

Como vimos, todos los datos y experiencias nuevos son archivados en la MUC por el fenómeno RAM (registro automático de la memoria). Ese fenómeno no le pide permiso al Yo para almacenar los datos en la MUC. Eso ocurre no sólo porque el archivo no depende del Yo, es involuntario, sino también porque, en los primeros años de vida, el Yo todavía no está formado de manera plenamente consciente, capaz de ser gestor de la mente humana, algo que debería ocurrir en la adolescencia. Pero, por desgracia, muchos adultos, incluso con niveles académicos altísimos, maestrías y doctorados, tienen un Yo mal formado. Son pésimos gestores de pensamientos y emociones.

Si el bebé, al ser expulsado del útero materno, pasa por algún bloqueo de la actuación del fenómeno RAM, sea por trastornos metabólicos, traumas físicos o socioemocionales, surgen los diversos espectros del autismo. Los espectros, así como los tipos de autismo y su gravedad, dependen del grado de compromiso del fenómeno RAM.

¿Por qué? Simplemente porque se trata de un fenómeno que registra estímulos extrapsíquicos e intrapsíquicos de manera rápida y espontánea, por lo tanto, será el gran proveedor de material para los tres grandes procesos constructivos de la mente humana: 1) el proceso de construcción de pensamientos; 2) el proceso de formación de la consciencia existencial; 3) el proceso de construcción del Yo como gestor de la mente humana.

Si la afectación del fenómeno RAM fuera grande, en fin, si hiciera pocos registros de las experiencias de miedo y placer del bebé, de los gestos de los padres y de otras personas, de los símbolos del lenguaje, no se construirán miles de ventanas con millones de datos en el centro consciente, la MUC.

Ese bloqueo no sólo compromete los tres tipos de procesos constructivos que ocurren en la mente humana, sino que impide la producción de dos tipos fundamentales de puentes sociales: los de los niños con el mundo externo y los de los niños con su propio mundo. Para construir un pensamiento aparentemente simple, como *mamá, tengo hambre* o *mamá, quiero agua*, se accede, se seleccionan y se utilizan miles de datos. Todo ese proceso se realiza en milésimas de segundo. Estudiarlo y entenderlo nos lleva a otro nivel como seres humanos.

Por más de tres décadas desarrollé conocimientos sobre esa última frontera de la ciencia, y hasta hoy sigo pasmado, maravillado, asombrado con el proceso de construcción de los pensamientos y la formación de la consciencia humana. ¿Por qué somos tan estúpidos intelectualmente e infantiles emocionalmente cuando discriminamos a los seres humanos por el color de la piel, la raza, la religión, la cultura, la sexualidad? Una de las causas es que la educación racionalista o cartesiana no nos lleva a comprender que, en esencia, todos somos iguales, y en las diferencias nos respetamos.

Una persona discriminada no debería gritar: "Acéptame porque soy refugiado o inmigrante", "Acéptame por mi sexualidad", "Acéptame porque soy negro". ¡No! Deberían gritar: "¡Acéptame porque soy un ser humano!". En esencia, todos producimos los mismos fenómenos que, en diminutas fracciones de segundo, generan el mayor espectáculo del Universo: la construcción de los pensamientos.

Los pensamientos son la materia prima de los sueños, el amor, la poesía, el arte, la ciencia, las relaciones sociales, en fin, la consciencia humana. Reitero: en esencia, somos iguales. Si judíos y palestinos conocieran la última frontera de la ciencia, pelearían menos y se abrazarían más. La familia humana se liberará solamente cuando conozca su esencia.

Una biografía no autorizada nutre la personalidad

Volviendo a la construcción de pensamientos en los niños, cuando ellos reconocen a un personaje social, la madre, mapean e identifican su necesidad instintiva —"hambre" o "sed"—, identifican también que el personaje inicial es proveedor de su instinto, y poco después aplican un verbo témpora-espacial, expresando: "tengo hambre", o "quiero agua"; aunque su habla sea fonéticamente equivocada, realizarán tareas de barrido finísimas y muy veloces en la corteza cerebral. Son fenomenales. Si usted fuera capaz de acertarle a un blanco de un centímetro en la luz, no sería más fenomenal que construir un pensamiento, aunque sea tonto o perturbador.

Todo el proceso de lectura multifocal es patrocinado por fenómenos inconscientes, como el gatillo de la memoria, la ventana de la memoria, el ancla de la memoria, el multiprocesador, el autoflujo. Esa lectura multiangular genera la sofisticadísima construcción de pensamientos que, a su vez, edifica el gran "milagro": la formación de la consciencia existencial, un fenómeno natural mucho más grande que cualquier posible fenómeno sobrenatural.

Muchas personas religiosas aman los fenómenos sobrenaturales, pero no prestan atención a los increíbles fenómenos que están en su mente, ni al menos encontrarles la gracia a los pensamientos bizarros que desaprueban en sus hijos. Tienen la necesidad neurótica de señalar las fallas de los demás.

Quien no es capaz de distinguir lo intangible nunca será un formador de mentes brillantes. Los doctores que controlan a sus alumnos de maestría y posgrado cometen un error atroz en la formación de mentes libres: todo fenómeno consciente, sea un razonamiento, pensamiento simple o reconocimiento de un objeto o un personaje, se produce mediante fenómenos inconscientes.

Cuando me refiero al inconsciente, lo hago de manera distinta a otros pensadores. Freud y otros brillantes teóricos discurrieron sobre el inconsciente, pero hablar de éste de manera general, así como de la formación de traumas, es como hablar de un continente. Lo que he hecho en mi producción de conocimiento, y lo digo con mucha humildad, no es hablar del continente, sino cartografiar sus terrenos, sus rocas, su naturaleza, su ecología, en fin, los detalles que ocurren en el funcionamiento de la mente. Claro que todo lo que menciono son apenas unas gotas en el océano infinito del conocimiento.

Hablar del inconsciente sin identificar los fenómenos inconscientes que leen la memoria, su actuación psicodinámica y el proceso de construcción de pensamientos nos deja muy confundidos. El proceso de formación de la personalidad, incluyendo el de los niños autistas, cobra relevancia cuando entendemos la danza de transacciones entre la MUC y la ME, entre el consciente y el inconsciente, así como cuando comprendemos al mínimo los fenómenos de lectura de las memorias. Veamos.

La formación de la biografía humana como centro de suministro para la formación de los pensamientos no depende del Yo, que representa la consciencia crítica o la capacidad de elección, sino del fenómeno RAM. En el primer año de vida, el Yo todavía está en los inicios de su formación.

En los congresos de algunos países se discute si debería haber o no biografías no autorizadas. Prohibirlas atenta contra la libertad de expresión. Sin embargo, *nuestra biografía escrita en el libro de nuestro cerebro nunca será autorizada por el Yo, por lo tanto, nuestros pensamientos y emociones, sean saludables o enfermizos, formarán parte de ella. Tener un seguro de vida, de auto, de la empresa, sin tener un seguro para nuestra mente, carecer de la gestión de la emoción, es cerrar la puerta principal, pero dejando todas las ventanas abiertas.*

Como ya mencioné, hay personas que tienen todos los motivos para ser felices y saludables, pero son pesimistas, angustiadas, ansiosas. ¿Qué es lo que está mal? Son especialistas en producir miedo, celos, autocastigo, autoexigencia, sufrimiento por anticipación. Exteriormente, hay muchos motivos para aplaudirle a la vida: tienen recursos financieros, una buena familia, no atravesaron por grandes traumas en la infancia, pero interiormente acumularon basura en su corteza cerebral, produjeron miles de ventanas *killer* invisibles a los ojos de la sociedad.

LA SOCIALIZACIÓN: UN APRENDIZAJE MÁS ALLÁ DE LA CARGA GENÉTICA

Traigamos ese conocimiento a la formación de la personalidad infantil. Los niños autistas bloquearon el proceso de registrar y realimentar la construcción de pensamientos. El resultado es que no logran la utilización de los símbolos del lenguaje para producir el pensamiento dialéctico o lógico para desarrollar su Yo, mapear sus emociones e identificar los estímulos sociales, sobre todo, las personas, y relacionarse con ellas.

Las habilidades vitales de un niño, como pensar antes de reaccionar y ponerse en el lugar de los demás, fueron asfixiadas. El fenómeno RAM no produjo su "biografía no autorizada". Por lo tanto, desde la perspectiva de la última frontera de la ciencia, los niños autistas en teoría no están enfermos ni son deficientes, siguen estando como estaban, no evolucionaron para escribir su propia biografía. Pero, en teoría, son "normales".

Sabiendo eso, cada vez que yo atendía a niños autistas en mi consultorio, procuraba usar técnicas que sobrestimularan el fenómeno que descubrí, el RAM, para acelerar esa biografía cerebral. Y era increíble: muchas veces en las primeras semanas, podíamos observar los primeros textos de esa biografía alimentando el proceso de construcción de pensamientos.

No estoy diciendo que existe una cura para el autismo, incluso porque en psiquiatría y psicología no usamos la palabra "cura", sino reorganización, superación, capacidad de reeditar la memoria, de reescribir su historia. Pero vi a niños con un autismo grave, por ejemplo, de seis años, que casi no hablaban, encerrados en su propio cerebro, desarrollar pensamientos a lo largo de los meses, mapear sus sentimientos y construir puentes sociales.

En todos ellos, noté que no lograban construir la palabra "yo" en los primeros meses. Por ejemplo, decían "Davi quiere agua", pero no "quiero agua". ¿Por qué? Porque la construcción del Yo exige miles o hasta millones de experiencias para cimentarse y, sólo más tarde, desarrollar la identidad.

Si no estuviera comprometida la corteza cerebral en el niño autista, si las matrices de la memoria estuvieran intactas para recibir registros, el desbloqueo del fenómeno RAM y la formación de la biografía existencial podrían acelerarse para promover la formación del Yo, la autoconsciencia, la autonomía, la capacidad de elección, las relaciones interpersonales. ¿Hasta dónde pueden evolucionar cognitiva y socialmente? Nadie lo sabe. Cada niño es un mundo. Pero, con frecuencia, presentan el potencial para evolucionar más de lo que imaginamos. Cuanto más temprano sean estimulados, mejor.

Todo niño nace autista: sin autoconsciencia, sin autonomía y sin puentes sociales. La socialización es un aprendizaje solemne en nuestra especie, que usa la carga genética y sobrepasa sus límites. El fenómeno RAM, *a través de la formación de la* MUC, *la biografía no genética, realimenta a los fenómenos inconscientes que, al leer la memoria, poco a poco van formando al Yo y lo liberan de su cárcel cerebral para transformarlo en un ser social.* La carga genética es el cimiento. El edificio social a ser construido dependerá de la educación. Un día escribiré más sobre eso.

Cuando me refiero a la cárcel cerebral de los niños autistas, no me estoy refiriendo a su sufrimiento o al de los niños con otros trastornos, como la parálisis cerebral. Incluso porque en ese caso no existe una consciencia plena del dolor emocional, por ejemplo, de la soledad, aunque haya un dolor físico. Una forma dura de ilustrar esto es decir que "quien siempre fue libre y hoy está en una cárcel, sufre mucho porque ya tuvo consciencia de lo que es la libertad".

La cárcel cerebral de esos niños significa ausencia o debilidad de los puentes sociales. Pero, de cualquier forma, no es cómodo estar preso en el cerebro, por eso los niveles de angustia e irritabilidad de los niños autistas son importantes, y los movimientos repetitivos que ellos hacen, al contrario de lo que algunos piensan, no son un reflejo de ansiedad, sino de un movimiento para aliviar ese sentimiento.

La TTE (TÉCNICA DE LA TEATRALIZACIÓN DE LA EMOCIÓN) APLICADA EN NIÑOS AUTISTAS, HIPERACTIVOS Y ANSIOSOS

Estimular el fenómeno RAM es algo vital para aliviar el aislamiento social, la cárcel mental del autismo. Nunca castigar, nunca regañar, nunca perder la paciencia con niños portadores de espectros autistas. Ellos necesitan liberarse, nutrir sus pensamientos y emociones, pero les hace falta una biografía. Una técnica psicopedagógica que desarrollé, y que puede contribuir a la aceleración de esa biografía se denomina técnica de la teatralización de la emoción (TTE). Esta técnica impulsa la actuación del fenómeno RAM para formar ventanas *light* y, en consecuencia, para construir el Yo y sus puentes sociales con el resto del mundo.

¿Por qué desarrollé la técnica TTE? Porque sabía que el fenómeno RAM registra todas las experiencias sin autorización del Yo, pero lo hace privilegiando todo lo que tiene mayor carga emocional. Por eso rescatamos con mucha más facilidad las pérdidas, frustraciones, decepciones, apoyos, ánimos, elogios y los momentos más decisivos de nuestra biografía. Teatralizar es una forma de dar volumen a la carga emocional.

La TTE es una técnica importante no sólo para construir puentes sociales en los niños autistas, sino para desarrollar el raciocinio, pacificar la mente, poner límites emocionales, promover el autocontrol en niños y adolescentes hiperactivos o con trastorno de déficit de atención, o incluso en jóvenes que sean rebeldes a las convenciones sociales, hiperansiosos, irritables, autoritarios. Esta técnica nutre dos de las habilidades socioemocionales más importantes: pensar antes de reaccionar y ponerse en el lugar del otro.

¿Cómo operar esa técnica? Teatralizando con voz altisonante, por ejemplo, exclamando: "¡Felicidades! ¡Eres excelente!", "¡Felicidades, estuviste increíble!", "¿Quién es el orgullo de papá o de mamá?". O aplaudiendo efusivamente a cada momento los gestos saludables de los niños autistas. Aplicada diaria y constantemente, la TTE lleva al archivo de plataformas de ventanas *light* que estimulan la necesidad de retribución social. Reitero: la biografía socioemocional se acelera. Con eso, el gatillo de la memoria comienza a disparar y a encontrar ventanas o archivos en la corteza cerebral que producen la capacidad de ponerse en el lugar del otro, pavimentando poco a poco la compleja socialización.

Usen la TTE para elogiar teatralmente a los niños irritables y agresivos cuando se muestren saludables, aunque frágiles. Ellos desarrollarán igualmente esa notable habilidad socioemocional: ponerse en el lugar del otro. Comenzarán a dar retribución social.

No dejen que ningún comportamiento calmado, generoso, altruista pase desapercibido, aunque sea diminuto. Claro, los niños autistas, en especial los casos más graves, no entenderán los pensamientos, las palabras y los verbos proferidos por los padres, maestros u otras personas que los rodean, pero percibirán los gestos teatrales y eso irrigará sus emociones. El secreto es: todo lo que tiene un volumen más alto estimula al fenómeno RAM a formar ventanas de la memoria. Por eso las ofensas, pérdidas y traiciones que sufrimos suelen ser inolvidables.

¿Y se puede aplicar la TTE cuando el niño autista u otro niño cualquiera demuestren comportamientos agresivos o hagan berrinches apocalípticos? Sí. En ese momento no se debe elogiarlos, sino teatralizar el dolor, el sufrimiento, la consecuencia de los comportamientos negativos. Por ejemplo: "Mamá te ama, pero está muy triste con tu comportamiento". No hable secamente: dramatice, teatralice, hable con emoción, se vale incluso llorar de vez en cuando para provocar al fenómeno RAM.

Al aplicar esta técnica, los padres, maestros, psicólogos o psicopedagogos no deben ser repetitivos, dar sermones y mucho menos ser punitivos. Exprésese y salga de escena. Si no hay forma de salir de ahí, haga un momento de silencio y después cambie el tema. Si el niño no es autista, después de hacer la TTE discuta rápidamente el comportamiento agresivo con él o con ella. Pero no le canse, no sea una fuente de aburrimiento, ¡y por lo general, los padres, maestros y profesionales de la salud mental suelen serlo!

Pero, al expresar el sufrimiento, ¿la TTE no generará hipersensibilidad o sentimiento de culpa? El sentimiento de culpa, cuando es suave, es fundamental para evitar la psicopatía y la sociopatía. Sólo es asfixiante cuando es intenso.

A lo largo de más de veinte mil atenciones psiquiátricas y psicoterapéuticas, y principalmente como investigador de esa área, tengo la convicción de que es mucho más fácil traer a una persona hipersensible al centro de una sensibilidad saludable, que a una persona insensible, un psicópata, que no siente el dolor del prójimo, a tener una sensibilidad limitada. Aunque incluso ese último caso sea posible.

EL OBJETIVO DE LA TTE ES CONSTRUIR PLATAFORMAS EN LA MEMORIA

La TTE no funcionará si se hace sólo de vez en cuando. El objetivo de esta técnica es producir plataformas de ventanas *light* doble P. Recuerde que las ventanas *killer* doble P tienen dos grandes poderes traumáticos: encarcelar al Yo y ser leídas y releídas, realimentando y expandiendo el trauma. En cambio, las ventanas *light* doble P tienen el poder de liberar al Yo y de ser leídas y releídas y realimentar su madurez, capacidad de empatía, autonomía, gestión de la emoción.

Para construir plataformas de ventanas *light* doble P, los educadores tienen que hacer la TTE de manera diaria a lo largo de los años. Todas las personas en el círculo de los niños que necesitan ser educados emocionalmente deben participar del proceso: padres, colaboradores, abuelos, maestros, psicólogos.

Yo amo a los maestros pero, para ser honesto, algunos me costaron un trabajo excesivo por no entender la cárcel cerebral de los niños autistas, así como de niños y niñas con altos niveles de ansiedad e inquietud mental. Esos maestros reactivos no tenían paciencia, exigían lo que esos niños no les podían dar. En el caso de los niños autistas, tuve que explicar varias veces el proceso de formación de las ventanas de la memoria y de construcción del Yo. Les supliqué su colaboración. En muchos casos me decepcioné, debí cambiar a esos alumnos a escuelas con una perspectiva más generosa e incluyente. Fueron verdaderos partos emocionales para generar puentes sociales.

Hace algunos años que ya no tengo tiempo de atender pacientes, pero espero que muchos científicos de la psicología y la psicopedagogía expandan y pulan la técnica de la TTE para desarrollar la mente de los niños autistas y de otros que sufren una seria afectación en la formación de la personalidad.

Recuerdo a un niño autista que destruía todos los pasteles de cumpleaños en las fiestas. Si le contrariaban, se tiraba al suelo y hacía unos berrinches ensordecedores. Era un caso muy grave: no sabía expresar que tenía hambre o sed. Subía las escaleras sin miedo a caer. Atravesaba las calles sin mirar los autos. Ni siquiera tenía miedo de quitarles la comida a perros de la raza dóberman que no conocía. Pero por fin dio un salto en su socialización. Un día contaré esas historias.

Cuando realizan la TTE varias veces al día, los educadores desbloquean el fenómeno RAM para que registre las experiencias en la MUC y así, en el transcurso de los meses y años, tendrán más posibilidades de desarrollar dos de las más nobles características socioemocionales: ponerse en el lugar de los demás y pensar antes de reaccionar.

Un educador brillante conduce a un niño con una mano y, con la otra, cambia la humanidad cuando invierte lo mejor que tiene para formar mentes libres. Educar no es arrojar madera en una fogata y esperar un resultado rápido. Educar es sembrar semillas, cultivar con paciencia bosques enteros. Así, nunca faltará madera para calentarnos a nosotros y a quienes amamos...

7
Salud física y mental: motivación, sueño, intoxicación digital, ejercicios

E l primer grupo notable de reglas de oro para formar seres humanos mentalmente saludables, imaginativos, proactivos, bien resueltos comienza en el
ambiente uterino y se extiende por toda la historia de formación de los hijos y alumnos. Hay miles de eventos que
ocurren en el útero materno e interfieren en la formación
de la personalidad, y hay miles de eventos que suceden en
el útero social que influyen en el desarrollo humano.

El ambiente materno está razonablemente protegido,
mientras que el ambiente social está marcadamente des-
protegido. El útero materno es solitario, el social es colectivo.
El útero materno puede tener tormentas emocionales, en el
útero social hay muchas tempestades.

Un mensaje a los padres y maestros: al estudiar aquí las
reglas de oro para formar hijos y alumnos emocionalmente saludables e intelectualmente brillantes y, en consecuencia, darse cuenta de sus errores, ¡espero que no se castiguen,

sino que se reinventen! Los perdedores ven los rayos y retroceden con timidez, pero los vencedores ven la lluvia y se animan con la oportunidad de cultivar. En el territorio de la emoción siempre es posible reciclar nuestras actitudes, aunque sea para pedir perdón a alguien en el lecho de muerte.

El autocastigo expande el índice GEEI (gasto de energía emocional inútil), el gasto innecesario y enfermizo de la energía mental. El autocastigo roba la energía vital de un ser humano para comenzar todo de nuevo. ¡No lamenten sus fallas, dense siempre una nueva oportunidad a ustedes mismos y a quienes aman!

Una de las mayores responsabilidades de los padres es ser lo bastante inteligentes como para preparar un ambiente socioemocional para que el fenómeno RAM del bebé, y después del niño y el joven, forme un grupo de ventanas *light* en la MUC, en el centro de la memoria, que subsidiará el desarrollo de una emoción tranquila, protegida, con un alto umbral para la frustración, contemplativa y creativa. Los padres y maestros deberían entrenar sus habilidades para ser gestores de la formación de sus hijos y alumnos. Ese proceso no es instintivo, sino aprendido.

Si para conducir un simple auto se necesita entrenamiento, ¿se imagina para conducir el vehículo más complejo: el mental? Si para administrar una empresa se requiere cuidar el flujo de efectivo, los procesos, la logística, imagine para administrar la más compleja de las empresas: la mente humana.

Si para preservar los recursos naturales del planeta Tierra es preciso un esfuerzo colectivo e innumerables estrategias, ¿se imagina para preservar los recursos del más intangible y sofisticado de los planetas: el planeta emoción? Ante esto, continuemos hablando de las reglas de oro para educar hijos y alumnos. Recuerden que la quinta regla fue la TTE (técnica de la teatralización de la emoción).

SEXTA REGLA DE ORO

Prevenir la obesidad física y emocional

CADA JOVEN ES EL MEJOR NADADOR
Y ALPINISTA DEL MUNDO

Para construir cualquier edificio se necesitan planos, un equipo capacitado y materiales adecuados. El cuerpo y la mente humana también. La vida física y mental es muy delicada. Todo comienza con fenómenos imposibles de ser capturados por el ojo humano, a no ser con el uso de aparatos.

Muchos jóvenes, cuando están enojados con la vida y con sus padres, gritan: "¡Yo no pedí nacer!". Craso engaño. Todo maestro debería enseñar a sus hijos y alumnos que fueron los mejores alpinistas de la historia, los mejores nadadores del mundo, los mejores maratonistas de todos los tiempos. ¿Cuándo? Cuando eran una simple célula, llamada espermatozoide, y compitieron con decenas de millones de participantes en la más dramática lucha por la vida.

Gritan que no pidieron nacer para llamar la atención de los padres. En otras palabras, vociferan: "¡USTEDES ME PUSIERON EN EL MUNDO, AHORA ME AGUANTAN!". Los padres ayudaron, es verdad, pero fueron ellos, los jóvenes, quienes hicieron la mayor parte, fueron ellos los que afrontaron las jornadas más difíciles. Ellos no pidieron nacer, gritaron que querían nacer sin pronunciar palabra. Con un brío incontrolable, parecían rugir: "¡VOY A EXISTIR! ¡TENGO EL DERECHO A VIVIR!". Por eso, cuando dicen "yo no pedí nacer", están cien por ciento equivocados. Si hubiese sido otro espermatozoide el que fecundara al óvulo, sería otra persona, no ellos.

Muchos alumnos tienen miedo de los exámenes, algunos sienten ganas de vomitar, otros padecen diarrea e incluso están aquellos que tiemblan cuando salen los resultados. Parecen tan débiles, pero no eran así al comienzo de la vida. Se enfrentaban a todo a pecho abierto. Y no existía un plan B; no había otra opción: ¡ES VENCER O VENCER!

Si cuando no tenían un raciocinio maravilloso, una capacidad increíble de pensar y superarse, ni una emoción vibrante, lucharon por la vida, entonces hoy deberían dejar de ser débiles, prejuiciosos, inseguros para superar sus problemas. Créalo: hoy, ellos tienen un millón de recursos más.

Los maestros deberían proclamar la victoria espectacular de los alumnos en el salón de clases, y los padres podrían describir ese hecho increíble a sus valientes hijos. Los educadores que no entrenan la emoción de sus hijos y alumnos para distinguir sus hazañas no nutren su ánimo, no contribuyen a formar jóvenes osados, bien resueltos, que le aplaudan a la vida; al contrario, contribuyen a formar seres humanos tímidos, insatisfechos y especialistas en quejarse por todo y de todos. En el comienzo de la vida, no había tiempo para perderlo en tonterías.

Crecer frenéticamente

Cuando el espermatozoide fecundó al óvulo y se ganó el derecho a la vida, la célula resultante, llamada huevo, comenzó a multiplicarse rápida y frenéticamente. En pocas semanas, produjo tantos hijos que era una comunidad formada por miles de millones de células. El ADN, nuestros genes, es un ingeniero tan notable y veloz que su hazaña equivale a construir, a partir de apenas un ladrillo, un edificio de más de diez mil pisos en pocos meses.

Un ingeniero tan rápido necesita muchos materiales, de lo contrario, la obra se detiene. Por eso, las madres deberían comer bien, con calidad, comer siempre, pero no compulsivamente, como si el mundo se fuera a acabar hoy o como si el bebé fuera a nacer mañana.

La necesidad de materiales de construcción para que el embrión se desarrolle, como proteínas, vitaminas, carbohidratos, ácidos grasos es estruendosa. Pero la nutrición tiene que ser saludable: mucha fruta, derivados de leche, proteínas. ¡Es preciso sustentar esa explosión de crecimiento! Nutrirse bien no es comer ansiosamente.

Quien come con ansiedad es un asaltante del refrigerador. Nutrirse compulsivamente puede no sólo elevar el peso de la madre, sino asfixiar su autoestima y su autoimagen. Nutrirse bien significa comer despacio, absorber lenta y placenteramente los alimentos. Nutrirse bien es alimentarse con inteligencia, y hacerlo con inteligencia exige paciencia para seleccionar los alimentos, y más paciencia todavía para masticarlos.

Quien no mastica los alimentos es su enemigo, poco los disfruta. Si usted recibe una visita en su casa y quiere que se vaya pronto, usted no la valora, no la ama. Del mismo modo, si se pone los alimentos en la boca y ya quiere que se vayan al estómago, usted no los ama.

Quien envía los alimentos rápidamente al estómago ama la cantidad y no la calidad. Los padres, a partir del primero, segundo y tercer año de vida de sus hijos, deberían entrenar sus paladares para que coman alimentos naturales y saludables, como frutas. Conozco jóvenes de quince años que no saben ni siquiera el nombre de las frutas más básicas. Las detestan, pero aman la comida chatarra pues educaron su paladar para apreciarla. Por favor, cuando vayan a dar algo saludable de comer a sus hijos, hagan fiestas, expresiones faciales alegres, produzcan sonidos mientras mastican. Así, los niños amarán esos alimentos.

Una de las mayores fuentes de culpabilidad de la mujer moderna es descargar en los alimentos su estrés no resuelto, la insatisfacción con su propio cuerpo. Quien no ama a su cuerpo y a su mente no amará a su pareja de manera estable e inteligente. *Si una mujer o incluso una adolescente necesita adelgazar, lo debe hacer* no *para sentirse bella, pues bella ya debería sentirse, sino para sentirse todavía más bella.* Y cuanto más comen, más ventanas *killer* abren, más cierran el circuito de la memoria, más generan sentimiento de culpa, más comen. Quien come compulsivamente echa combustible al estrés cerebral.

Una de las técnicas de gestión de la emoción para el adelgazamiento inteligente es entrenar al Yo a hacer las paces con la comida. La segunda es gestionar la ansiedad. Y la tercera es aprender a no ser esclavo del patrón tiránico de belleza.

El efecto acordeón de la madre y la obesidad infantil: una gravísima ecuación

El efecto fuelle emocional en el acto de comer genera una fuente poderosa de ansiedad en hombres y mujeres. Recuerde que ese efecto es un comportamiento fluctuante, retráctil, que va y viene. Nosotros lo estudiamos en la relación de parejas que se separan y regresan. Ahora, debemos ver los tentáculos de ese comportamiento en la alimentación. Las madres ansiosas pueden vivir el efecto fuelle en la alimentación.

Comen mucho en un determinado momento y después son atacadas por el autocastigo y se privan de comer. Ese fenómeno ocurre con frecuencia tanto en las embarazadas como en las madres durante la infancia de los niños. Vea cuán grave es ese mecanismo emocional.

El volumen de tensión del autocastigo instala el ancla de la memoria en una determinada región y bloquea miles de ventanas saludables, cerrando el circuito de la memoria al generar, precisamente, el síndrome del circuito cerrado de la memoria (*circuito fechado da memória*; CIFE, por sus siglas en portugués). Las madres dejan de ser pensantes, lúcidas, y se convierten en instintivas.

Una vez instalado el síndrome CIFE, las madres comienzan a privarse irracionalmente de alimentos. Es el "efecto fuelle": primero se come mucho, después poco. Ese proceso pernicioso, además de realimentar la ansiedad de la madre, muy probablemente interfiere con la "inteligencia" celular del feto y lo predispone a la obesidad infantil en el futuro.

El comer compulsivo de la madre y la privación drástica de alimentos induce a la inteligencia celular del cuerpo del niño a acumular grasas durante su desarrollo después del nacimiento, para prepararse para un tiempo de escasez ficticio y monstruoso creado por el "efecto fuelle" de la mente de las embarazadas y de las madres durante el crecimiento de los hijos. Me gustaría observar a los científicos probar esa hipótesis.

La obesidad está aumentando de manera aterradora en todo el mundo, incluyendo la infantil. Los padres estresados y los hijos inquietos comen exagerada y equivocadamente. Cerca de dos millones y medio de personas mueren cada año como consecuencia de la obesidad, una tasa mayor que la del suicidio.

En Estados Unidos, cerca de una tercera parte de la población padece obesidad, una estadística espantosa. En

Brasil, más de 50 por ciento de la población presenta sobrepeso. Según organismos de investigación, el problema de la obesidad en este país se convierte en algo más grave que la falta de nutrientes. Presten atención a continuación a nuestro programa de adelgazamiento inteligente para adultos, adolescentes y niños.

Adelgazamiento inteligente

¡Sin esas herramientas de gestión de la emoción, la obesidad difícilmente se resuelve! "Comemos nuestras emociones", es decir, una persona estresada, ansiosa, deprimida o con baja autoestima canaliza en el placer oral e instintivo el alivio de sus conflictos emocionales. Comer mucho genera más ansiedad, lo que a su vez genera más compulsión por comer.

Cuando nace un bebé, sigue necesitando muchísimos suministros. Ahora llegó el momento de que coma cosas menos industrializadas y más saludables y naturales.

En el otro extremo de la obesidad, está la anorexia nerviosa. Esta grave enfermedad es más que un mero trastorno de la alimentación, es un trastorno de autoimagen. Las ventanas *killer* doble P propician una visión distorsionada y atroz del propio cuerpo. Mujeres en los huesos, semejantes a las personas famélicas del África Subsahariana, aun cuando tienen la mesa llena. A veces pesan treinta o cuarenta kilos y miden cerca de 1.60 metros de altura. Pero ¿por qué no comen? Porque se sienten obesas. Su Yo no es gestor de sus mentes, viven como esclavas de un patrón tiránico de belleza.

El Yo debería ser protagonista y no espectador de sus conflictos. Debería pilotear la aeronave mental y no sentarse tímidamente como pasajero. Debería gritar todos los días dentro de sí lo siguiente: "¡La belleza está en los ojos de quien mira!".

La era digital, capitaneada por *smartphones*, videojuegos, redes sociales, internet, está expandiendo la era de la obesidad, pues aumenta los niveles de soledad y tensión emocional al transformar la comida en la compañera real del ser humano que navega en un mundo virtual.

Preocupadísimos con el fenómeno "obesidad × ansiedad", estamos desarrollando el programa internacional de gestión de la emoción para el adelgazamiento inteligente. El objetivo es no sólo promover la reeducación alimentaria y ejercicios físicos para las distintas edades, sino también cuidar de la obesidad emocional, caracterizada por autocastigo, ansiedad, complejo de inferioridad, baja autoestima y fragmentación de la autoimagen.

En fin, el objetivo de este programa es propiciar especialmente herramientas de *coaching* de gestión de la emoción para que niños, jóvenes y adultos puedan ser autores de sus historias.

Una tercera parte de los niños y de los jóvenes en Brasil son físicamente obesos. Estamos hablando de millones de seres humanos. Una cifra impresionante.

La obesidad no sólo propicia la aparición de la diabetes, el aumento de los niveles de colesterol, la hipertensión y otras enfermedades, también asfixia la salud emocional en esta sociedad que tiene un patrón tiránico de belleza. Los alumnos obesos son blancos preferenciales del *bullying*: gordito, elefantito, ballena... apodos que pueden causar graves traumas.

La difícil ecuación emocional

L.C. era un chico de once años. Superdotado, un verdadero genio, pero inquieto y ansioso en extremo. Comía compulsivamente, como si los alimentos se fuesen a terminar hoy. Dos o tres sándwiches rara vez lo satisfacían. Sus padres perdieron el control sobre él, tuvieron dificultades para reeducar su alimentación y su emoción.

Engordó mucho, llegó a pesar más de ochenta kilos. Al no poder controlar su inquietud, no poder quedarse sentado en clase y ser obeso, L.C. era blanco preferencial de las burlas de los chicos más grandes.

Los niños y jóvenes que no aprenden a ponerse en el lugar del otro y a pensar antes de reaccionar pueden ser muy hirientes, crueles, destruyen a sus compañeros sin extraerles la sangre.

Sin piedad, llamaban a L.C. gordinflón, botija, fofo, ballena. Cada *bullying* sufrido estimulaba el registro de ventanas *killer* doble P, saturando su muc de cárceles que lo aprisionaban en el único lugar en que es inadmisible ser prisionero. Herido por fuera, preso por dentro, lloraba mucho, en ciertos momentos pensaba en ya no vivir más.

Cuanto más rechazado era, más ventanas *killer* producía, más aumentaba su ansiedad, más comía descontroladamente, más engordaba. Una triste historia que, sin intervención emocional, podría producir consecuencias impredecibles.

Todos los niños y jóvenes obesos, o que sufren cualquier tipo de *bullying*, deberían recibir atención especial por parte de los maestros. Millones de alumnos enferman en las escuelas. Los padres y maestros deberían aplaudir cada gesto saludable de un hijo y alumno frente a los otros compañeros para producir ventanas *light* que neutralicen el poder de las *killer*.

Deberían estar en un programa de gestión de la emoción, sea para protegerse, sea para proteger la mente de quienes aman. Si los padres y maestros son elocuentes, didácticos, pero no saben enseñar a los niños y jóvenes como mínimo a ser autores de sus historias, acertarán en lo trivial, pero fallarán en lo esencial.

Tenemos que desarrollar un Yo libre, proactivo y gestor de nuestra mente. De lo contrario, tenemos probabilidades dantescas de volvernos víctimas y no protagonistas de esta sociedad altamente estresante.

¿Queremos expandir la estadística de los "padres estresados, hijos inquietos", o bien la de los "padres brillantes, hijos saludables"? ¡Debemos elegir nuestras opciones! Tenemos que aprender las reglas de oro para resolver esa difícil ecuación emocional.

SÉPTIMA REGLA DE ORO

Controlar la ansiedad en la era digital

EL MOTOR DE LA VIDA ESTÁ FUNCIONANDO MAL

El sueño es el motor de la vida, el tiempo de renovación de la energía física y mental, el momento de tregua donde un niño, un joven y un adulto dejan las batallas diarias, sea como estudiantes o profesionistas, para vivir un periodo sagrado de paz y equilibrio. Sin embargo, nunca el ser humano creó tantas guerras como hoy, trabó tantas luchas en su cama y con su propio sueño. Jamás el sueño de los niños y de los adolescentes fue tan violentado, asfixiado, robado por los medios digitales. Esos medios deberían abrir miles de clínicas y hoteles de descanso para desintoxicación digital.

Usar *smartphones*, entrar en las redes sociales y jugar videojuegos libera dopamina, la misma sustancia que se libera con el uso de drogas. Por lo tanto, la tecnología digital envicia. Sería un crimen violentísimo dar cocaína o incluso licores en exceso a un niño o un adolescente, pero no tenemos ningún sentimiento de culpa al darles *smartphones*, *tablets*, videojuegos sin ningún control, sin herramientas de gestión de la emoción para que tengan un mínimo de autonomía.

Nuestros hijos son lanzados a la cueva de los leones, están desarrollando una "dependencia digital" colectiva. Quítele el *smartphone* a un joven por dos o tres días y observe los síntomas: irritabilidad, ansiedad, estado de ánimo depresivo, bajísima tolerancia a las frustraciones, inquietud mental, en fin, los mismos del síndrome de abstinencia de una droga psicotrópica.

Yo defiendo una tesis: así como las cajetillas de cigarrillos traen avisos alertando sobre los efectos destructivos para el cuerpo, como cáncer y enfermedades pulmonares, todos los aparatos digitales deberían traer una leyenda advirtiendo al usuario: ¡el uso excesivo de este aparato puede enviciar, provocar insomnio, ansiedad y síntomas psicosomáticos!

En la segunda mitad del siglo xx, la televisión fue la villana del sueño; en el siglo xxi, el *smartphone* es el gran villano, y es mucho más poderoso. Además de eso, el resplandor de onda azul que emana de las pantallas puede disminuir la molécula de oro que induce y estabiliza el sueño, la melatonina. Por lo tanto, usar el *smartphone* una o dos horas antes de dormir pone al cerebro en un estado de alerta constante, con lo que disminuye la calidad del sueño. Si usted detesta su sueño, ame a su celular, póngalo como el centro de su vida, sienta la necesidad neurótica de responderles a todos en las redes sociales; pero si usted ama su sueño y su salud física y emocional, ponga a su *smartphone* en segundo plano.

"Ama a tu prójimo como a ti mismo": ésa fue la famosísima frase del Maestro de maestros de las relaciones interpersonales, expresada hace dos milenios para fomentar el altruismo y la generosidad, pero quién iba a decir que, en la actualidad, el prójimo de un ser humano no sería otro ser humano, sino un celular en la palma de la mano. Es común que, en una mesa de restaurante, nadie hable: todos usan el aparato. Los padres les envían mensajes a sus hijos dentro de casa, los hermanos se mandan mensajes unos a otros sentados alrededor de una mesa.

El celular tiene diversas ventajas, como comunicación eficiente, mejora de la productividad, democratización de la información, pero tiene dos efectos colaterales que deberían robarles la tranquilidad a los líderes de Silicon Valley en California: la destrucción del sueño y el asesinato del diálogo interpersonal.

EL SÍNDROME DEL SOLDADO CANSADO (SSC)

Jamás nuestros hijos y alumnos estuvieron tan estresados. El déficit crónico del sueño provoca un síndrome psicosomático que denomino síndrome del soldado cansado (ssc), o síndrome del agotamiento cerebral (*síndrome do esgotamento cerebral*; SEC, por sus siglas en portugués). Los alumnos se sienten como soldados en una guerra en constante estado de agotamiento mental.

El SEC produce diversos síntomas. La presencia de dos o tres de ellos ya lo caracteriza: 1) dolor de cabeza, dolor muscular, cólicos abdominales, vómito, prurito o comezón, y otros; 2) déficit de concentración y dispersión de la atención; 3) rendimiento intelectual disminuido en los exámenes y las tareas; 4) falta de disposición para hacer actividades (pereza mental), todo es difícil, incluso hacer las cosas más simples; 5) facilidad para quejarse por todo y de todos; 6) bajo umbral para la frustración, irritabilidad ante las pequeñas contrariedades; 7) inquietud o agitación mental, no estarse quieto, facilidad para perturbar el ambiente, hacer berrinches; 8) aburrimiento e insatisfacción crónica, dificultad para lidiar con la rutina, protestar que "¡no hay nada que hacer!", la euforia inicial pronto da lugar al desánimo; 9) envejecimiento precoz de la emoción ligado a los síntomas citados: aburrimiento, insatisfacción, exceso de reclamaciones, querer todo rápido y listo, dificultad para encontrar alternativas para relajarse y disfrutar de la vida; 10) inmadurez de la personalidad, egocentrismo, dificultad para ponerse en el lugar de los demás, para procesar las pérdidas, trabajar los dolores y frustraciones, repetición de los errores.

El SSC o SEC es una epidemia entre los estudiantes de todo el mundo. Asociado con el síndrome del pensamiento acelerado (SPA), el SEC compromete seriamente la salud emocional y puede desencadenar una serie de enfermedades, como ansiedad, depresión, anorexia, bulimia, dependencia a las drogas, *bullying*... La asociación de esos dos síndromes compromete el futuro socioemocional de los alumnos y de la humanidad como un todo. Al descubrirlos, quedé preocupadísimo y convencido de que las sociedades modernas habían tomado el camino equivocado.

Como he dicho en diversas conferencias magistrales, estamos asesinando la infancia y la juventud de nuestros hijos y alumnos, produciendo un trabajo intelectual esclavo legalizado. Ellos tienen tiempo para todo, para hacer mil actividades, quedarse conectados a videojuegos y celulares, pero no tienen tiempo para ser niños, aventurarse, desacelerar los pensamientos, contemplar lo bello y tener sueños reparadores.

Hay psicólogos y psicopedagogos que dicen que los jóvenes viven la generación *millennial*, otros la generación Y, que son irresponsables, egocéntricos, quieren todo ya, son hiperactivos. Discúlpenme, pero la mayoría de esos investigadores y profesionales ven la punta del iceberg del problema, no penetran en las capas más profundas de la mente humana; por eso no logran identificar esos dos síndromes que asolan a la juventud mundial, incluso a los adultos, y que son causados por nosotros, lo que convierte a las sociedades modernas en un hospital psiquiátrico global.

Vaya a cualquier escuela, incluyendo las particulares con mensualidades carísimas, y pregunte a los niños y adolescentes quién tiene un sueño de buena calidad, si despiertan cansados, se sienten inquietos, sufren de dolores de cabeza. Se quedará muy sorprendido. Muchos padres no están conscientes de que sus hijos interrumpen el sueño varias veces o acceden a los celulares durante la madrugada. Sólo saben que ellos despiertan protestando, tensos, impacientes. El sueño tranquilo es el combustible de la paciencia; el insomnio o el sueño no reparador son los motores de la ansiedad.

Las escuelas deberían impartir materias sobre el funcionamiento de la mente y el autocontrol, y no sólo las materias clásicas. Como vimos, deben dejar de ser racionalistas. Los maestros de todo el mundo no imaginan cuán agotados están los cerebros de sus alumnos, que despiertan ya exhaustos. Muchos adolescentes llevan su cuerpo a cuestas, tienen la misma disposición de una persona enferma o muy anciana. Son víctimas del SEC y del SPA. Ir a la escuela con déficit de energía es con frecuencia un martirio. Por eso no se concentran, son inquietos, no logran quedarse sentados, se duermen en clase, tienen conversaciones paralelas.

Ante ese cuadro dramático, informo con mucha alegría que desarrollé el programa Escuela de la Inteligencia,[*] que tal vez sea el primer programa en la actualidad de gestión de la emoción para niños y adolescentes, aplicado en más de setecientas escuelas en Brasil. Muchos países están interesadísimos en aplicarlo. El programa tiene como meta la prevención de trastornos emocionales, la administración de la ansiedad, el desarrollo de la oratoria, del autocontrol, de la audacia, del emprendimiento, de la autoestima. Otra gran noticia: estamos usando recursos del programa para aplicarlo en innumerables instituciones que atienden a niños y jóvenes, como casas de acogida, donde se ofrecen de

---

[*] El programa Escuela de la Inteligencia entra en el grado curricular de las escuelas, con una clase por semana. Son más de trescientos mil alumnos aprendiendo a gestionar su emoción. Psicólogos y pedagogos entrenan a más de ocho mil maestros en más de setecientas escuelas. Los padres y alumnos aman el programa. Para más información, visite <www.escoladainteligencia.com.br> o hable al teléfono (16)3602-9430.

manera gratuita las mejores herramientas educativas para niños abandonados. Nuestro sueño es adoptar a todos los "orfanatos" de Brasil.

AUXILIO, MI HIJO NO DUERME

La historia del sueño comienza en el embarazo. La calidad del sueño de la madre interfiere con la calidad del sueño del feto. Una nube de moléculas puede atravesar la barrera placentaria cuando la madre está estresada y fatigada, e interferir en el comportamiento y equilibrio del bebé. Si los fines de semana las madres pudieran dormir nueve o diez horas, el feto lo agradecerá. Después de nacer, el sueño de los niños y después de los adolescentes debería ser un suelo sagrado.

Usted puede pelearse con el mundo, pero si se pelea con su cama, va a perder. El sueño, reitero, es el combustible de la vida. El feto necesita descansar mucho, pues está en una fase de crecimiento asombroso. Duplica su tamaño muchas veces al mes al inicio de la gestación. El metabolismo a mil por hora requiere periodos de relajamiento, y lo mismo ocurre con el niño. Los padres agitados, que no duermen bien, con un alto índice GEEI, son intolerantes, impacientes, irritables, elevan el tono de voz, tienen reacciones explosivas, lo que afecta mucho el desarrollo de la personalidad de sus hijos.

En teoría, no es la cantidad de trabajo de los padres lo que determina su grado de estrés, sino la forma en que protegen su emoción y contemplan lo bello. Por increíble que parezca, las madres que trabajan hasta el día del parto pueden generar niños tranquilos, pues a pesar de la actividad laboral intensa, no presentan un alto índice GEEI, no se cobran mucho a sí mismas ni a los demás, no sufren por anticipación, no rumian el pasado, su autoestima es elevada, viven aplaudiéndole a la vida.

Por otro lado, las madres pueden no trabajar fuera de casa, quedarse acostadas en una hamaca ocho horas al día y aun así, generar hijos ansiosos, pues tienen un alto índice GEEI, no saben filtrar los estímulos estresantes, viven perturbadas por el futuro, producen con frecuencia monstruos que las atormentan en el teatro de su mente. Los padres necesitan elevar su índice GEEU (gasto de energía emocional útil) y no el GEEI.

OCTAVA REGLA DE ORO

◆━━━━━━━•━━━━━━━◆

Cuidar el cuerpo y evitar las drogas

UNA GENERACIÓN EGOCÉNTRICA Y PREJUICIOSA

Los ejercicios físicos pueden ayudar en la construcción de una emoción tranquila y serena, pues liberan endorfinas, un notable calmante biológico natural, que relaja y apacigua al cerebro. En teoría, los padres sedentarios son capaces de tener mentes más estresadas e irritables que las de los amantes de los deportes. Los padres y jóvenes sedentarios, que descuidan su cuerpo, que viven tumbados en el sofá comiendo y mirando la televisión, tienden a disfrutar menos de la vida que los padres y jóvenes amantes de los deportes.

El deporte desacelera la mente, aquieta los pensamientos perturbadores, mejora la autoestima. Antes del siglo xx, hacer deporte era caminar, dar largos paseos a pie, montar a caballo, pescar, observar los sonidos de la naturaleza, los troncos carcomidos de los árboles, la orquesta del viento. En el siglo pasado, era el futbol, el tenis, el básquet, el voleibol y tantos otros.

Sin embargo, gustar de los deportes no significa practicarlos. Animar desesperadamente a un equipo, comerse las uñas y angustiarse con los partidos no es saludable. El filósofo Arthur Schopenhauer afirmó con propiedad que entregar nuestra felicidad en función de la cabeza de otro es autodestructivo. Los aficionados que proyectan su éxito emocional en el éxito de un equipo transfieren a los demás la responsabilidad de ser felices y saludables. Tienen un pobre idilio con su salud emocional y un bajo umbral para lidiar con las pérdidas. Si el Yo es un buen gestor de la mente humana, vivirá de acuerdo con el siguiente lema: mi paz vale oro, el resto es el resto.

El mejor de todos los deportes es la caminata contemplativa. Andar a un paso más acelerado, pero no exagerado, ejercitando los músculos y disfrutando del paisaje, produce un menú emocional fascinante. Provoca el archivo de ventanas *light*, que oxigenan y convierten en un jardín el centro de la memoria, la MUC.

Para aliviar el SSC y el SPA, los niños y adolescentes, o incluso los adultos, deberían aprender a tener el placer de caminar, interiorizarse, relajarse, construir experiencias. Quien camina contemplativamente viaja dentro de sí; quien viaja dentro de sí libera la imaginación; quien libera la imaginación desarrolla el razonamiento complejo y produce más sueños, y quien razona y sueña navega mejor por las turbulentas aguas de la emoción.

Sin embargo, lo que más definirá la gestión de la ansiedad y la salud emocional de un ser humano, en fin, lo que más resolverá la ecuación "educadores estresados, jóvenes inquietos" no son los ejercicios físicos, sino el ejercicio mental. Aquellos que practican deportes, pero cuyo Yo es un pésimo piloto de la aeronave mental, que piensan sin control y sobrevaloran los pequeños conflictos, son incapaces de reciclar las ideas perturbadoras, pueden ser un manojo de nervios y una fuente estresante para los jóvenes.

Por otro lado, aun cuando no es recomendable, las personas que no practican deportes, pero que poseen un Yo que pilotea bien su mente, que impugna los pensamientos pesimistas, que no rumia resentimientos y frustraciones y son más generosas con sus adversarios, pueden tener una mente irrigada de placer, desarrollan una fuente de tranquilidad.

Para educar al Yo como gestor de la mente humana, es fundamental y hasta esencial enseñar a nuestros hijos y alumnos a practicar el mejor de los deportes, ser autónomo o líder de sí mismo: no llevar la vida a hierro y fuego, hacer un silencio proactivo, no pelear, herir o agredir a quien les agredió, ser flexible, no vivir en función de la cabeza de los demás ni de la aceptación social. Ser autónomo exige mirar primero al interior de nosotros mismos para después observar a los demás. Muchas celebridades, incluso del deporte, son víctimas de lo que otros piensan y hablan con respecto a ellas. No tienen autonomía. Tuvieron éxito en el deporte y en las artes, pero son esclavos viviendo en sociedades libres.

En la actualidad, el "deporte" de la juventud es teclear en sus celulares. Antes, el deporte producía el intercambio, una labor en equipo, trabajaba frustraciones, pero, a pesar de todas las excepciones, hoy el "deporte" en las redes sociales produce el disfraz, el intercambio superficial de frases y la soledad tóxica, donde se habla con muchos, pero rara vez profundamente con alguien, donde se vive un personaje incapaz de frustrarse. Antiguamente, el deporte producía un espíritu colectivo y el respeto por la vida; hoy, el "deporte" en los videojuegos produce el individualismo y el asesinato virtual de villanos sin historia, desprovistos de humanidad. Matar por matar, generando en el inconsciente colectivo la falta de sensibilidad por la vida.

Los niños y adolescentes deberían tener el placer de practicar deportes, en especial el mayor de todos: el pilotaje de su vehículo mental. En la era digital, nunca tuvimos una generación tan prejuiciosa, aletargada, aislada en su mundo, sin apetito emocional para practicar deportes físicos.

Ésa es otra causa de la obesidad, de la ansiedad, del miedo a hablar en público, de la timidez, de la depresión y de las enfermedades psicosomáticas o de origen emocional.

DROGAS: LAS ESCLAVIZADORAS DEL CEREBRO

Las drogas psicotrópicas lícitas (como los ansiolíticos, los cigarrillos y el alcohol) e ilícitas (como la cocaína, el crack, la marihuana) producen metabolitos que cruzan la barrera placentaria y pueden interferir en el desarrollo físico y mental del bebé. Las madres no sólo deberían cuidar su nutrición física con cariño e inteligencia, sino también su cerebro y el cerebro del feto. Y eso pasa al abstenerse completamente del consumo de drogas.

En caso de que la madre esté muy deprimida o ansiosa, es aceptable que tome medicamentos psicotrópicos, como los antidepresivos, pero siempre con orientación médica, control de las dosis y por un tiempo determinado. Es importante elegir la molécula del antidepresivo, principalmente en el primer trimestre de embarazo.

El medio ambiente uterino debería ser sagrado, inviolable, para que los hijos de la humanidad se desarrollen en forma saludable y se preparen para ajustarse en el último mes del embarazo. En ese periodo, el bebé se podrá mover poco, algo difícil de soportar para quien vivía haciendo graciosos malabarismos. El ambiente uterino deja de ser un oasis para el feto y se vuelve estresante, como un calabozo. Intente quedarse un día preso en una bolsa sin moverse. El feto era libre, ahora está aprisionado. Pero ese fenómeno es importante para preparar al bebé para sumergirse en un ambiente todavía más estresante: el útero social.

En mi observación, los bebés que nacen de manera muy prematura están poco preparados para el ambiente uterino y se vuelven más activos, alterados, inquietos, se les confunde con niños hiperactivos. Las herramientas de gestión de la emoción son vitales para que se conviertan en protagonistas de su historia a lo largo del proceso de formación de la personalidad.

Como vimos, entre esas herramientas está la TTE. Recuerde que tenemos que elogiar todos los días a los niños ansiosos, inquietos, hiperactivos cuando presenten comportamientos calmados, mesurados, altruistas, serenos. Aplaudirles intensamente no produce narcisismo, incluso porque estamos en la era de la autoexigencia y el autocastigo. Hasta los niños aparentemente alienados se cobran mucho a sí mismos, y sus educadores no están conscientes de eso.

La teatralización de la emoción acelera la impresión de archivos saludables en los suelos de la MUC, generan la necesidad de eco social, de reaccionar pensando si sus comportamientos son o no dignos de aplausos. Manifestar las desilusiones y el dolor emocional, sin críticas ni tono de voz exaltado, es otra fase de la TTE para que esos niños modulen sus gestos y entiendan que éstos impactan a los demás. Si los padres y educadores practican diaria y serenamente la TTE, pulirán la emoción y generarán una revolución en las relaciones.

8

Saber que nadie cambia a nadie, superar los celos y el miedo a la pérdida

¿EL PENSAMIENTO ES REAL O VIRTUAL?
HE AHÍ LA GRAN HIPÓTESIS

El pensamiento es la herramienta esencial de toda producción humana. El pensamiento es la fuente de las ciencias, las artes, las relaciones, la literatura, el diálogo, el debate, la evolución y los cambios emocionales. Estudiar el pensamiento, su naturaleza, cómo se forma, cómo es gestionado y registrado es, por lo tanto ¡penetrar en las capas más profundas del planeta mente!

¡Pero mire que absurdo tan increíble! Todas las escuelas y universidades del mundo, incluyendo las más prestigiosas, usan exhaustivamente el pensamiento para que sus alumnos asimilen y aprendan materias y técnicas básicas, incluso son entrenados para ser investigadores al defender sus tesis de maestría y doctorado. Pero ¿las escuelas y universidades enseñan a los alumnos cómo se producen los pensamientos, cuáles son sus tipos, cómo se registran o incluso cuál es su naturaleza?

¿No es un contrasentido, una paradoja, usar el pensamiento como materia prima para todas las actividades intelectuales sin conocer su esencia? ¿El pensamiento consciente es real o virtual? ¿Incorpora o no la realidad del objeto pensado? Cuando un padre corrige a un hijo o un profesor regaña a un alumno, ¿el pensamiento que usan es concreto, toca la realidad psíquica de quien lo piensa, o es virtual? Cuando un ser humano discurre o debate sobre el otro, ¿está hablando exactamente del otro o también de sí mismo? Es una gran pregunta.

Cada vez que hago esas preguntas sobre la naturaleza de los pensamientos a educadores, psicólogos, médicos, algunos dicen que es real, otros que es virtual, pero la mayoría se calla sin saber qué responder. Continuemos con el arte de la duda. Sin la duda, la ciencia no progresa. La respuesta rápida es una dictadura. El mundo de las ideas nace de quienes no tienen miedo de cuestionar.

Cuando un psiquiatra interviene a un paciente con síndrome de pánico, ¿incorpora la realidad del objeto pensado, en fin, consigue tocar el dolor, el estado de implosión emocional de su paciente, o tan sólo interpreta ese dolor? Al responder esa pregunta, el cielo de nuestra mente se hace más claro.

Los psiquiatras y los psicólogos interpretan el dolor; si lo sienten, el dolor les pertenece a ellos y no al paciente. El dolor no se transmite por el aire, sólo los códigos sonoros o visuales lo hacen de esa manera. Si interpretan el dolor, es porque no tienen la realidad del objeto interpretado, y si no la tienen es porque los pensamientos conscientes que resultan de esa interpretación no son reales, sino virtuales.

Todo lo que pensamos sobre nuestros hijos, alumnos, parejas y colaboradores es virtual. Y si no nos vaciamos de nosotros mismos y nos ponemos en el lugar de los demás, los pensamientos que producimos sobre ellos no tienen nada que ver con lo que realmente son, estarán basados sólo en nuestra personalidad. Por lo tanto, si el pensamiento es virtual, yo jamás tengo la verdad absoluta, la humildad deja de ser una característica periférica de la inteligencia humana para convertirse en un pilar central de la sabiduría.

No estudiar el fenómeno del pensamiento asfixia las ciencias humanas, acarreando gravísimas consecuencias para la formación de pensadores, para la prevención de los trastornos mentales, para la pacificación de los conflictos, para evitar la violencia social, las guerras, los homicidios, los suicidios.

Todo cocinero que se precie de serlo sabe que los panes y las harinas tienen muchos carbohidratos, y las carnes, proteína, pues conoce la naturaleza de los alimentos, pero los cocineros del conocimiento (educadores, padres, profesionales de la salud mental, abogados, políticos) con frecuencia no tienen idea de la naturaleza del propio conocimiento, pues esa área rara vez fue estudiada. ¿Cómo relacionarse con los demás o educar sin saber qué nutriente estamos ofreciendo? ¿Estamos liberando la mente de nuestros hijos o aprisionándola? Muchas veces estamos atrapando a quien amamos pensando que estamos haciendo lo contrario.

Al no saber cómo se producen los pensamientos, cómo se almacenan, cuál es su esencia, las escuelas pueden no sólo no contribuir a liberar el intelecto humano, sino asfixiarlo. Como ya comenté, poner a los alumnos en hileras estimula al fenómeno RAM a registrar ventanas *killer* que cimientan un sistema de jerarquía intelectual gravísimo, promoviendo la timidez y bloqueando el debate de ideas y la formación colectiva de pensadores. Sólo algunas excepciones, algunos contados alumnos, son quienes brillan.

Cada área de la ciencia tiene un elemento básico y estudiarlo revoluciona la producción científica. Haber investigado el elemento básico de la biología, la célula, revolucionó la producción y el almacenamiento de alimentos, la producción de vacunas y antibióticos.

Haber estudiado la unidad básica de la química y la física, el átomo, revolucionó la producción del conocimiento que generó la tecnología del sonido, de la imagen, de los transportes, de la computación. Pero ¿cuál es la unidad básica de la psicología, de la sociología y de la pedagogía? Es difícil responder porque hubo un punto ciego, un agujero negro, en las ciencias humanas. Ellas no la identificaron y, por eso, no sobrevaloraron su gran objeto de estudio: el pensamiento.

Sin estudiar el fenómeno del pensamiento, no desarrollaremos herramientas de gestión de la psique. Esperaremos a que las personas enfermen emocionalmente para después tratarlas, una actitud inhumana. Cientos de millones de personas enfermarán, y quizá ni el uno por ciento va a recibir tratamiento, sea porque éste es caro, porque no hay profesionales de salud mental disponibles o porque las personas esconden o niegan sus conflictos.

NOVENA REGLA DE ORO

Nadie cambia a nadie, pero tenemos el potencial de empeorar a los demás.

Ahora ya lo sabemos: el pensamiento consciente es virtual. Si no lo fuese, no podríamos producir pensamientos sobre el futuro, pues es inexistente, ni rescatar el pasado, pues no es posible volver allá. Durante años, en miles de datos, mientras producía conocimiento sobre el propio conocimiento, y confeccionaba pensamiento sobre el propio pensamiento, quedé fascinado, aturdido con la complejidad de la mente humana.

¡Cuán extremadamente imaginativos, creativos y plásticos somos en nuestra mente! Usted y yo creamos en nuestros sueños personajes, ambientes y escenarios increíbles. Durante el día, dibujamos en nuestra mente personas y circunstancias sofisticadísimas sin usar pinceles, verdaderas obras mentales, aunque algunas sean aterradoras, como la fobia social o la claustrofobia.

La hipótesis es que en la esfera de la virtualidad, el *Homo sapiens* desarrolló una plasticidad constructiva y una libertad creativa fascinante, estupenda, fluida. Incluso los pacientes psicóticos son extremadamente complejos cuando producen ideas paranoicas o de persecución. Sólo quien vive en la superficie de su propio intelecto discrimina a los demás y no se fascina con la mente humana.

Pero, si el pensamiento es virtual, ¡existe entre padre e hijo un espacio infranqueable! Si el pensamiento es igualmente virtual, ¡hay entre maestro y alumno más que algunos metros de distancia, hay una distancia insuperable! Del mismo modo, entre un psiquiatra (o psicólogo) y un paciente hay un antiespacio. Ésa es una de las tesis centrales de la psicología y de la sociología. Los psiquiatras y psicólogos nunca deberían controlar a sus pacientes ni dar diagnósticos cerrados, ni hacer intervenciones como si fuesen verdades absolutas. Deberían, sí, y con todas sus técnicas, estimularlos a ser autores de su propia historia. Y lo mismo los educadores con sus educandos.

¿Por qué nadie cambia a nadie? Porque lo que es virtual no cambia la emoción, que es real, y mucho menos cambia las ventanas *killer* en la memoria, que son reales, ni cambia el Yo de nuestros hijos y alumnos, que también es real. Tenemos que llevarlos, estimularlos, conducirlos para que ellos mismos se reciclen y se transformen en autores de su propia historia.

Todos estamos inmersos en una soledad mayor de lo que imaginamos. No me refiero a la soledad de estar sólo en medio de la multitud, capitaneada por la discriminación o la exclusión social, ni a la soledad del autoabandono, conducida por acciones como castigar, excluir y disminuirse a uno mismo. Me refiero a la soledad paradójica de la consciencia o del pensamiento virtual. Todos estamos profundamente solos, mucho más de lo que los poetas escribieran en sus versos, los pintores dibujaran, los teóricos de la psicología y de la filosofía imaginaran. Pero alguien dirá: ¡eso es muy triste y angustiante! ¡Grave engaño! Ese fenómeno es vital para nuestra socialización.

La soledad generada por el pensamiento virtual produce un tipo de ansiedad vital, saludable, que nos hace establecer relaciones, enamorarnos, casarnos, tener amigos, crear grupos, hacer fiestas, cenas, para conseguir la realidad nunca alcanzada, para superar las ataduras de la propia soledad. Todos los días, lo que usted hace tiene sus objetivos: comprar, trabajar, soñar, asistir a reuniones; detrás de ello hay un objetivo, que es superar la soledad generada por la consciencia humana, que es virtual.

La soledad es tóxica. Incluso un monje o un ermitaño construirán personajes en su mente para relacionarse, entretenerse, aunque eso termine por estresarlos. El amor humano es el fruto más extraordinario de esa soledad. Tenemos tanta necesidad de acercarnos al otro, sea un hijo o una pareja, que desarrollamos el fenómeno de atracción, del sentimiento más sublime, el amor. Podemos amar a alguien intensa y hasta descontroladamente. Pero como ya mencioné, para ser sustentable el amor necesita ser inteligente, regado de sueños, elogios, apoyos, y no dar lugar a exigencias, presiones, chantajes ni celos.

En el fondo, nos amamos cuando amamos a los demás. Si no nos amamos, no amaremos a nadie más; si no amamos a los demás, tampoco nos amaremos a nosotros mismos. Pero amar no nos da el derecho a controlar, tener crisis de celos, elevar el tono de voz, restringir, hacer que el otro pierda su individualidad y gravite en nuestra órbita. El resto de las reglas de oro de este capítulo arrojará más luz sobre este tema.

Quien tiene un amor inteligente hace todo para que los otros tengan su propia órbita. Una persona bien resuelta ama mucho más, una persona mal resuelta controla más.

DÉCIMA REGLA DE ORO

Superar los celos: el miedo a la pérdida
acelera la pérdida

Si el pensamiento es virtual, debemos extraer una regla de oro fundamental para formar mentes saludables: *nadie cambia a nadie; tenemos el poder de empeorar a los demás, no de cambiarlos.* ¿Quién ha intentado hacer cambiar a una persona difícil? ¡Si ya lo intentó, siento decirlo, pero usted la empeoró! Al no conocer la naturaleza de los pensamientos, los usamos como si fuesen reales y no virtuales. Queremos generar esos cambios con crisis de celos, elevando el tono de voz, criticando o siendo repetitivos. En vez de producir ventanas *light*, producimos innumerables ventanas *killer,* que extraen el "oxígeno" de la MUC, del centro consciente de quienes amamos.

Una notable definición de los celos ligada a la última frontera de la ciencia, es decir, a los tipos, a la naturaleza y a la construcción de los pensamientos es: *los celos son nostalgia de mí.* Yo exijo del otro la atención que no me doy a mí mismo. Busco el reconocimiento del otro, ese que no me ofrezco a mí mismo. Todos somos solitarios debido a la virtualidad de los pensamientos conscientes, pero quien tiene crisis de celos se siente muchísimo más solitario que el promedio, aunque viva bajo los aplausos de las multitudes. Esa hipótesis está en mi libro *Ansiedad 3. Celos.**

Quien tiene celos, ya perdió. Perdió la conexión consigo mismo, la autoconfianza, la autoestima. Quien tiene celos tiene miedo de la pérdida, y ese miedo acelera la pérdida, pues disminuye, le quita elegancia y encanto a la persona celosa. Quien es controlado por los celos no tiene una historia de amor consigo mismo, pero exige que el otro la tenga. ¡Nadie resuelve el agujero emocional de una persona que no se ama, sólo ella misma! Viva esa regla de oro.

Las parejas celosas asfixian la autoestima de sus hijos. Se cobran uno al otro, entran en conflicto con frecuencia, construyen un infierno emocional dentro de la familia. Una mujer celosa debería reciclar su inseguridad y decirle a quien ama, con todas sus letras: si me abandonas, quien perderá serás tú, pues yo lucharé por mis sueños y seré feliz.

* Augusto Cury, *Ansiedad 3. Celos. Cuando el miedo a la pérdida acelera la pérdida,* Océano, 2019.

Muchos padres tienen celos de sus hijos. Creen que éstos no les prestan la atención que merecen. Por eso contraatacan, los acusan, les dicen ingratos, malagradecidos, injustos, sólo valoran a los demás. Cobrarles a los demás es la mejor manera de perderlos. Quien exige de más está apto para trabajar en una institución financiera, y no para tener una bella historia de amor con quien ama. Ponga los celos un poco en el congelador y use las reglas de oro de esta obra, incluyendo la TTE, y tendrá grandes probabilidades de formar ventanas saludables, puentes notables, con sus hijos. Recuerde: el miedo a la pérdida acelera la propia pérdida.

En la actualidad, los adolescentes están viviendo crisis intensas de celos. Controlan a sus novios o novias a través de las redes sociales a cada momento. Ansiosos, quieren una retribución inmediata, y si no la ven, tienen crisis de abandono. Perdieron el autocontrol. Controlar a los demás nos disminuye y disminuye el amor. El amor nace en los suelos de la libertad.

9

No elevar el tono de voz ni criticar en exceso

DECIMOPRIMERA REGLA DE ORO

◆———————————●———————————◆

No gritar ni elevar el tono de voz

Nada es más bello e inteligente que corregir, exponer ideas, debatir, emitir opiniones en un tono tranquilo. Quien impone sus ideas no atrae a sus hijos, no seduce a sus alumnos y no encanta a su pareja. Pero es sorprendente que personas tranquilas puedan detonar el gatillo de la memoria, entrar en ventanas *killer*, cerrar el circuito de la memoria y tener ataques de ira. Las personas cultas también pueden dar espectáculos, no de paciencia y tolerancia, sino de terror.

El nivel de silencio de una casa refleja el nivel de madurez emocional de los padres; el nivel de armonía de una escuela depende del nivel de gestión de la emoción de los maestros. Aunque haya excepciones, los alumnos e hijos inquietos reflejan a sus educadores como en un espejo. Es fácil culpar a los niños y a los jóvenes, y no atribuirnos responsabilidades.

Elevar el tono de voz con hijos, alumnos y demás personas que nos rodean es una violencia "vociferante" que los empeora. Pero millones de personas practican día a día esa actitud. Cuando elevamos la voz, ¿estamos usando el pensamiento como si fuera real o virtual? Real.

Ahora sabemos que el pensamiento es virtual, pero nuestra especie siempre lo usó de manera inapropiada, como si fuese real, como su pudiese cambiar a las mentes inquietas, obstinadas, distantes. Creemos que el tono de voz altisonante cambia las matrices del cerebro de las personas, recicla las rutas, transforma la forma de ser y de pensar. Pero, en el fondo, sólo produce ventanas traumáticas.

Cuando elevamos el tono, intimidamos a las personas o, al contrario, las estimulamos a responder con un contraataque, lo que las convierte en nuestra imagen y semejanza, igualmente agresivas. Tanto intimidarlas como irritarlas vierte combustible en su ansiedad, no resuelve la ecuación: educadores estresados, hijos y alumnos inquietos.

Sin duda, como ya vimos, debemos poner límites a nuestros hijos. Jamás deberíamos ceder a los chantajes, pero aunque podamos no negociar bajo presión, estudiamos formas inteligentes de corregir, y ninguna de ellas incluye gritar, hacer escándalo, vociferar. Ninguna de ellas incluye comportamientos provocativos.

Cada cerebro de un niño y de un adolescente es un cofre, no existen mentes impenetrables, sino llaves inadecuadas. Gritar, exasperarse, exaltarse, son actitudes que cierran ese sofisticado cofre mental, en vez de abrirlo. ¿Por qué? Porque las formas agresivas de corrección activan fenómenos inconscientes que construyen pensamientos y aprisionan el Yo: se dispara el gatillo de la memoria, se encuentran ventanas *killer*, el volumen de tensión hace que el ancla de la memoria se instale incisivamente, promoviendo, así, el síndrome del CIFE (circuito cerrado de la memoria). El niño o el joven deja de ser *Homo sapiens* y se transforma en *Homo bios*, una criatura instintiva que se intimida o se lanza al ataque, ¡reproduciendo la agresividad de los educadores!

Los buenos educadores elevan el tono de voz, bloquean a sus alumnos, quieren adiestrarlos, mientras que los educadores brillantes son pilotos de la aeronave mental que invitan a sus hijos y alumnos a hacer el viaje más importante que deben emprender, una aventura interior. Liberan a sus educandos, los conducen a ser pensadores.

Utilizar el arte de la pregunta y no de la respuesta es vital para ese proceso. Por ejemplo, plantearles: reflexiona sobre tu comportamiento; ¿qué piensas de esa reacción? ¿Cuáles son las consecuencias de tus actos? Si fueras un educador, ¿le darías de forma irresponsable libertad sin límites a tus hijos?

Además, apliquen la TTE para formar archivos inteligentes. Otras técnicas, como la que estamos comentando y aquéllas sobre las cuales discurriré también son vitales para promover el autocontrol de los jóvenes. Tenemos que hacer una elección: ¿queremos ganar la razón o el corazón de quienes amamos? ¿Queremos domar a nuestros hijos y alumnos o enseñarles a pensar de manera crítica y volverse autónomos?

Su mayor responsabilidad como educador es dibujar su imagen en los suelos del consciente y del inconsciente de quien ama. Si su imagen es importante, ciertamente sus palabras tendrán gran influencia. Nadie cambia a nadie, pero podemos llevarlos a que se transformen por sí mismos.

El índice GEEI es alto debido a las disputas débiles, el tono de voz exacerbado, los conflictos innecesarios, las confrontaciones estúpidas, la necesidad ansiosa de corregir a la pareja. Es un crimen educativo que los padres no tengan paciencia con sus esposas, elevando el tono de voz, criticando, siendo repetitivos. Están agrediendo no solamente a su compañera, sino al más inocente de los seres humanos, su bebé. Nada produce tanto dolor en un niño que ver a las dos personas que ama, sus padres, peleando, enfrentándose como enemigos.

Yo procuré dibujar mi imagen en la mente de mis tres hijas de manera memorable. En vez de levantar la voz cuando se equivocaban, yo usaba la TTE y decía: "Papá las ama mucho, pero me entristecieron con sus actitudes. Si quieren seguir con ese comportamiento, se los permito, pero eso me lastima y puede herirlas a ustedes". Y me iba de inmediato.

Ellas siempre retrocedían. Yo no quería, como ya señalé, una obediencia ciega, quería convertirlas en grandes seres humanos, generosas, libres, saludables, capaces de pensar críticamente. Hasta hoy, no necesito elevar el tono de voz o presionar, basta con hablarles con suavidad.

Si los padres o maestros tienen que elevar el tono de voz para que los escuchen, algo está mal. Son pequeños en la mente de sus hijos y alumnos, pero grandes exteriormente. Si, al contrario, son grandes dentro de los niños y los adolescentes, podrán hablar con calma e inteligencia, y serán escuchados, pues sus palabras tendrán eco emocional. ¡Piense en eso!

No exponga los errores de sus alumnos en el salón de clases. No les grite, no los restrinja ni los humille. Si lo hiciera, estaría produciendo ventanas *killer* doble P, altamente aprisionadoras. Si, como veremos, tuviera que intervenir, elogie primero a quien se equivoca, llame al alumno por su nombre y dígale que él no es sólo un número en la clase, sino un ser humano especial. Cuando hace eso, usted abre rápidamente el circuito de la memoria y deja de ser un invasor de mentes. En segundo lugar, use el arte de las preguntas para que él piense críticamente en su error.

Pero ¿cómo tendrán eco nuestras palabras si no sabemos gestionar nuestra emoción, si no somos delicados, si somos especialistas en señalar las fallas de los niños y adolescentes? ¿Si nos irritamos, perdemos la paciencia con facilidad y usamos nuestra voz para intimidar? ¿Cómo los encantaremos, si no sabemos valorar cada momento en que aciertan, si somos lentos en aplaudirles cada vez que son generosos y pacientes? ¡No podemos ser solamente un manual de reglas! Sin gestión de la emoción, la relación entre padres e hijos, maestros y alumnos, deja de ser un oasis y se convierte en un desierto.

DECIMOSEGUNDA REGLA DE ORO

No criticar ni humillar

Criticar en exceso es otra forma enfermiza de querer cambiar a los demás, de abrir el cofre de los niños de manera equivocada. Quien critica con frecuencia a sus hijos y alumnos forma tantas ventanas traumáticas que marchita su espontaneidad, bloquea su osadía, acaba con su capacidad de correr riesgos para soñar y luchar por sus propios sueños.

Hay padres y madres que usan no sólo las armas de los gritos y conflictos, sino también la ametralladora de las críticas. No soportan a sus hijos inquietos, que repiten sus errores, que son irresponsables, y disparan críticas sin parar. Los hijos se equivocan por un lado y ellos, por el otro. Los hijos encienden un fósforo y ellos aportan el combustible. Son intolerantes a las frustraciones.

No usan estrategias para conquistarlos y educarlos. Para ellos, educar es regañar, corregir fallas. Craso engaño. Queridos padres, aren la tierra, pongan las semillas estratégicamente una después de la otra, cultiven y rieguen con paciencia, que el tiempo de cosecha tarde o temprano llegará.

Los educadores que quieren hijos y alumnos desprovistos de ansiedad, equilibrados, mesurados, empáticos, en una sociedad consumista e intoxicada digitalmente, harían bien en mudarse a otro planeta, pues en la Tierra rara vez los encontrarán. ¿Los aprisionamos en nuestras mazmorras sociales y todavía queremos que sean autónomos? Es injusto para ellos.

Los hijos y alumnos del oriente al occidente padecen ssc y spa. Recuerde los estragos que causó el cartesianismo en la mente del ser humano moderno. Hoy, encontrar niños tranquilos y adolescentes serenos es tan raro como encontrar oro. Pero ellos son los mejores hijos y los mejores alumnos del mundo. ¿Por qué? ¡Porque son los que tenemos!

La tranquilidad es escasa como el oro incluso entre los indios amazónicos. Cierta vez me invitaron a dar conferencias a los miembros de más de sesenta tribus. Muchos leían mis libros. Poco después del evento, se tomaron muchas fotos conmigo, con celulares mejores que el mío. Quedé asombrado. La tecnología digital está contagiando al mundo.

Un gran constructor hace obras maestras con los materiales que posee. Recuerde al mayor Maestro de la historia, *El hombre más inteligente de la historia*. Él nunca renunció a ninguno de ellos, aunque lo decepcionaran casi a diario. Sus alumnos sólo le daban dolores de cabeza: Pedro era hiperactivo e inquieto, Juan tenía personalidad bipolar, Tomás era paranoico, Mateo era corrupto, Judas era malicioso. ¿Usted les daría crédito a esos alumnos?

Él les dio todo el crédito del mundo. Usó incluso su dolor en el acto de traición y en el de la negación para formar ventanas *light* en el centro consciente de sus alumnos, en la MUC (memoria de uso continuo), para transformar mentes toscas y rudas en pensadores brillantes. Alguien dirá: "Pero yo no soy Jesucristo". ¡Claro que no! Pero ese notable educador usó técnicas de gestión de la emoción esencialmente humanas para formar seres humanos.

Cuando criticamos en exceso, ¿estamos usando el pensamiento como si fuera real o virtual? De nuevo, real. Por eso empeoramos a las personas. Usamos el pensamiento como si fuese un bisturí para extirpar la irritabilidad, los berrinches, las incoherencias, el autoritarismo de niños y adolescentes.

Y cuanto más intentamos cambiarlos, más cristalizan lo que detestamos, aquello que queremos cambiar, pues forman más ventanas *killer*, saturando la MUC.

Hay maestros que exigen un silencio absoluto en el salón de clases. Reitero: con SSC y SPA, generados por los medios digitales y por el exceso de información de la actualidad, es casi imposible que logren tal silencio, a no ser por algunos momentos.

Muchos maestros no ven la hora de jubilarse, padecen un máximo grado de agotamiento cerebral. Y con razón. Pero tenemos que cambiar nuestros paradigmas. Los maestros son cocineros del conocimiento que preparan el alimento para un público que no tiene apetito. ¡Eso estresa, angustia, frustra! Pero los alumnos no tienen la culpa de esa crisis de apetito intelectual.

Es necesario que usemos herramientas de oro para canalizar la energía mental ansiosa de nuestros hijos y alumnos a su favor, a favor de la educación y del autocontrol. Las viejas prácticas cartesianas, racionalistas, no funcionan ya en una época en la que alumnos de siete años tienen más información en la mente de la que tenían los maestros en el siglo XIX o los emperadores en el auge de Roma.

10

Conocer a la generación de los jóvenes y brillar en el salón de clases y en casa

---

DECIMOTERCERA REGLA DE ORO

◆————————●————————◆

Conocer la generación de nuestros
hijos y alumnos

E n el último siglo, la humanidad ha pasado por transformaciones jamás vistas en la historia. Hasta el siglo XIX, nunca habíamos pasado de ochocientos millones de habitantes. El hambre estaba presente en el escenario de la mayoría de quienes vivían al margen de las sociedades. Imagine que la producción y conservación de alimentos era por completo insuficiente. Cosechas problemáticas, asociadas a las epidemias y a la inexistencia de vacunas y antibióticos, diezmaban a millones de seres humanos inocentes. A ese caldero de angustias se sumaban las guerras, las disputas irracionales, las dictaduras inhumanas. Vivir era ser un héroe.

Surgieron las vacunas, aparecieron los antibióticos, la producción de alimentos dio un salto, la democracia se expandió, los derechos civiles contagiaron a las sociedades y, a pesar de la locura de dos guerras mundiales, dimos un salto hasta los siete mil millones de habitantes. Algo inimaginable. El avance tecnológico fue todavía más sorprendente. Decir, en el pasado, que tendríamos un mundo en las palmas de nuestras manos a través de un teléfono inteligente hubiese sido un brote psicótico. El número de datos se duplicaba cada doscientos años, pero decir que se duplicaría en apenas un año hubiese sido un síntoma de locura extrema. Pues bien, el mundo cambió, la manera de ser e interpretar la vida, también. Un niño de ocho años tiene más datos en su mente que el arrojado Sócrates o el astuto Aristóteles. El movimiento de pensamientos en la mente de un niño ya no es el mismo, pero la educación familiar y escolar sigue siendo jurásica, sobrepasada.

En este periodo de transformaciones increíbles, hemos sentido la necesidad de clasificar a las generaciones para no encuadrar las mismas características en las más diversas etapas etarias. Las personas de épocas distintas tienen diferentes expectativas, percepciones, sensibilidades, visiones del mundo y niveles distintos de ansiedad.

La mente de un adolescente de hoy no es la misma que la de su abuelo. La mente de un niño tiene algunas particularidades diferentes de la de sus padres. Múltiples variables, como "quién soy (mi personalidad)", "cómo estoy (mi estado emocional)", "dónde estoy (ambiente social)" son contaminadas por los estímulos de cada momento, desubicando el proceso de construcción de pensamientos y, en consecuencia, de interpretación y formación de la personalidad. ¡El *Homo sapiens* es socioemocional!

Seguramente, un joven del siglo xix tenía características diferentes de las de un adolescente de los años cincuenta, sesenta o noventa del siglo xx o de uno de este siglo. A pesar de las limitaciones de toda clasificación, se optó por poner a las generaciones nombres específicos. Las principales clasificaciones de las generaciones son:

GENERACIÓN X

La primera denominación que surgió en los inicios de la revolución tecnológica fue la de generación X. Es la generación compuesta por los hijos de los *baby boomers*, surgida después de la Segunda Guerra Mundial. *Baby boomer* es una definición genérica para niños nacidos durante la explosión demográfica; en una traducción libre en inglés, *baby boom* significa "explosión de bebés".

La fecha de nacimiento de los integrantes de la generación X se ubica aproximadamente entre los años 1960 y 1980, o un poco antes. Ellos quedaron deslumbrados con la televisión, los procesos industriales, el teléfono, aunque cientos de millones de personas todavía estuviesen fuera de esa ventana de desarrollo. El mundo dejó de ser rural y se volvió cada vez más urbano. El consumismo se robusteció.

La generación X era la generación de "¡transforma!". Criticaba a la generación de sus padres, reciclaba sus hipótesis, defendía sus ideas, luchaba por sus sueños, era autónoma.

GENERACIÓN Y

La generación Y, originada por la generación X, se benefició, se nutrió y se enriqueció con el desarrollo tecnológico producido por la generación X. La generación Y se conoce también como generación *next* o *millennials*. No siempre existe un consenso con respecto al periodo de esa generación, pero en teoría la mayor parte de la literatura se refiere a ella como personas nacidas entre los años 1980 y 2000.

Esta generación se desarrolló en medio de bombas y cañones, pero en la cuna de la explosión multimedia, la accesibilidad de la comunicación, el uso de computadoras personales, el acceso a internet y el inicio de la superabundante cosecha de *smartphones*.

Los hijos o nietos de los *baby boomers* de la generación X se creen más expertos, rápidos e inteligentes que sus padres, y mucho más que sus abuelos. A través de internet, fueron provocados por estímulos jamás vistos en la historia. Dieron un salto cognitivo en el pensamiento lógico, adquirieron una habilidad increíble para lidiar con las máquinas. Pero comenzaron a tener dificultades para lidiar con los seres humanos, administrar a las personas, trabajar sus conflictos, colocarse en el lugar de los demás. Coquetearon con el egoísmo, el egocentrismo y el individualismo.

El "trasatlántico de la emoción" de la generación Y comenzó a presentar serios problemas en el casco. Es una cosecha de seres humanos más frágiles, menos autónomos, poco resilientes y menos críticos del sistema social.

Generación Z

A continuación surgió una generación extremadamente rápida, superactualizada, superconectada, la generación Z. Esa generación está formada por personas que nacieron en la era digital, se embriagaron con las redes sociales y con los dispositivos portátiles. Navegan por internet con increíble facilidad, pero tienen dificultad para navegar en las aguas de la emoción. Algunos, como los de la generación Y, están preocupados por el medio ambiente, pero no por preservar los recursos naturales del más delicado de los planetas, el planeta emoción. Si bien existen excepciones, los miembros de la generación Z tienen un bajo umbral para lidiar con las frustraciones, los pequeños problemas los invaden y los infectan. Paciencia, ni por casualidad. No soportan esperar. Están siempre insatisfechos, se aburren con facilidad. Cinco minutos sin actividad y ya están gritando: "¡No hay nada que hacer en esta casa!". Se conectan con las redes sociales, pero rara vez hablan sobre sí mismos.

La franja de nacimiento de los partícipes de la generación Z es cuestionable, porque eso depende de cada sociedad. Pero, en teoría, nacieron entre 1990 y 2009. Son excesivamente cartesianos. ¿Por qué? Porque les da vergüenza admitir sus fallas y sus locuras, no saben hablar de sí mismos, no pueden pedir ayuda para superar sus conflictos, viven un personaje en las redes sociales. Además, son rápidos para juzgar y lentos para abrazar, tienen déficit de altruismo, rara vez saben ponerse en el lugar de los demás.

Aunque se crean genios, mucho más inteligentes que sus padres y maestros, componen tal vez la generación más débil, insegura, desprotegida, menos autónoma y más egocéntrica e individualista que ha pisado la Tierra. La generación Z no cuestiona las locuras del sistema social producido por las generaciones X y Y. Al contrario, quiere consumir cada vez más el veneno que producimos.

Sin embargo, es un hecho que la generación Z dio un salto cognitivo, que, aunque sea inquietante, es muy inteligente. Si aprenden a gestionar su emoción, expandir su umbral para las frustraciones y trabajar su Yo para ser protagonistas de su historia, los niños y adolescentes de esa cosecha de seres humanos harán cosas increíbles, podrán revolucionar al mundo. Yo sueño que la generación Z pueda conectarse consigo misma y con la sociedad. Sueño con que tenga una historia de amor con su salud emocional y con la humanidad.

DECIMOCUARTA REGLA DE ORO

◆————◆————◆

Cómo ser un educador brillante en el salón de clases

Al ser publicado en decenas de países, sueño con que este libro sea leído en un máximo número de naciones. Sueño que este grito de alerta encuentre eco en el teatro educativo de las sociedades modernas —modernas en el exterior, pero emocionalmente jurásicas, seniles, envejecidas.

Querido maestro, si los alumnos de la generación Z no le escuchan, no es porque no quieran, sino porque no saben escucharse a sí mismos. Si no lo valoran, es porque no saben proteger su emoción y valorarse. Tienen conversaciones paralelas porque están tensos y no saben administrar su ansiedad. No los condene, abrácelos. No los desanime, alcáncelos. Irritabilidad, agitación, inquietud... En fin, su problema no es con usted, es con ellos mismos. Pero usted puede participar del problema expandiéndolo si usa prácticas equivocadas, o aliviándolo, si usa herramientas inteligentes.

No quiera sofocar la energía ansiosa de sus alumnos criticando, elevando la voz o perdiendo el control. Esa praxis sólo aumentará el índice GEEI (gasto de energía emocional inútil), el de ellos y el suyo. Reitero: debemos cambiar la era de la educación si queremos educar con eficiencia a la generación Z: de la era del bombardeo de información a la era del Yo como gestor de la mente. El racionalismo educativo ha durado cuatro siglos; necesitamos reorganizarlo.

Ante la necesidad de cambiar los paradigmas educativos, enumeraré algunas técnicas fundamentales para que un maestro brille en el salón de clases en la era de la ansiedad. Los padres, las parejas y los ejecutivos también pueden extraer enseñanzas de esas técnicas.

Técnica 1. Haga fluctuar su voz: el salón de clases es un restaurante del conocimiento

Los maestros brillantes deben hacer fluctuar la tonalidad de su voz, aumentándola o disminuyéndola para no cansar a sus alumnos. Los maestros que usan la misma tonalidad de voz, la misma impostación y la misma postura equivalen a un mismo plato sin condimento todos los días. Nada más agotador.

La voz es la puerta de entrada a la mente, así como la música lo es a la emoción. El salón de clases debe ser un restaurante agradable y no un ambiente seco, frío, desprovisto de aventura.

Técnica 2. Teatralice la información: el salón de clases debe ser una cantera de emociones

Teatralizar el conocimiento toca la emoción, aquieta el pensamiento, captura la mente de los alumnos dispersos, despierta el interés, fomenta la motivación. En la era del pensamiento acelerado, de la ansiedad colectiva, cada maestro debería tomar clases de teatro, aprender a gesticular, a impostar la voz, a transmitir los datos, por más lógicos que sean, de una manera vibrante.

Por ejemplo, se debería hablar del átomo y de las partículas subatómicas con emoción, romanticismo, no sólo fluctuando la voz, sino teatralizando el conocimiento, gesticulando, escenificando. Describiendo la danza de los electrones alrededor del núcleo como una aventura. Se debería hacer pasar a los alumnos al frente y hacer dinámicas para mostrar la fuerza, fusión y ficción nuclear.

Técnica 3. El alumno debe participar en el proceso: no haga de la clase un monólogo: no dé clases, dé desafíos

Los alumnos son desafiados constantemente en las redes sociales a dar la cara por los mensajes que publican, a buscar información en internet. La mente de esa generación detesta tener niñeras. Es atrevida, dinámica, proactiva. Use la ansiedad de esa generación producida por el spa a favor del crecimiento de cada uno, para generar ventanas *light*.

Reitero: es un crimen querer domesticar o adiestrar la mente inquieta de los alumnos de la actualidad, como está haciendo el sistema educativo en todo el mundo. Los alumnos tienen que participar en el proceso y no ser espectadores pasivos del conocimiento. Aunque los alumnos no usen sus celulares en el salón de clases, su mente está afinada y hasta modulada por el mundo digital. Ni los propios alumnos saben por qué son tan inquietos.

No dé clases secas, dé desafíos; no haga monólogos fríos, promueva debates. Llévelos a investigar fuera y dentro de las clases. Y, por favor, elogie a los alumnos, incluso a los más difíciles y alienados. Ninguna participación, ninguna palabra, aunque equivocada, debe ser despreciada. Exáltelos. Tráigalos en su corazón.

Si el alumno es considerado un espectador inerte, no despertará interés. Ellos aman buscar, descubrir, hacer las cosas por sí mismos. Necesitan ser valorados y exaltados como investigadores; en caso contrario, el último lugar en el que desearán estar es dentro del salón de clases. En realidad, millones de ellos no soportan el ambiente racionalista y aburrido de los salones de clases actuales.

Técnica 4. Provoque a sus alumnos: use el arte de la duda, no enseñe la materia, enséñelos a pensar

Educar es provocar, educar es inspirar; educar es tener una historia de amor con el conocimiento. Nadie ama lo que no admira. Nadie amará a sus maestros y a su sabiduría si no los admira. El maestro debe ser más que un transmisor de información, debe ser un mentor que provoca a sus alumnos, inspira su creatividad, fomenta su osadía, libera su Yo para ser autores de su historia.

La duda y la pregunta preparan el escenario para que brille la respuesta. En la era de la ansiedad, los maestros deben enseñar preguntando, cuestionando, indagando, y nunca entregar el conocimiento digerido. Deben transformar el salón de clases en un agradable restaurante del conocimiento.

Es casi increíble que la educación cartesiana no entienda que el tamaño de las respuestas depende de las dimensiones de las dudas, que cada respuesta es el comienzo de nuevas preguntas. No enseñe la materia, enseñe a pensar. Los maestros no deberían enseñar fórmulas matemáticas, físicas o cualquier competencia técnica de manera estéril, sino mostrar cómo surgieron, quién las produjo, cuál es su utilidad.

Técnica 5. Realice evaluaciones constantes

En la era de la ansiedad, tardar uno o dos meses es esperar una eternidad. Aunque se apliquen las evaluaciones, es mejor hacer evaluaciones diarias, durante la exposición en clase, considerando el debate, la participación, el razonamiento esquemático. Esa técnica aumenta los niveles de concentración e interés.

Técnica 6. Humanícese como maestro

En la era de las redes sociales, aunque haya muchos fingimientos, los alumnos quieren tocar sentimientos, asimilar emociones, sentir la realidad. Por eso la publicidad clásica ya no funciona ni los medios de comunicación son los poderosos formadores de opinión que un día fueron.

El maestro no debe ser un personaje más en el salón de clases, un actor que comunica algo que sólo está fuera de él, su materia. Debe ser real, concreto, de carne y hueso. Debe colocarse en el proceso. Hablar, tanto como sea posible, de algunas de las experiencias, crisis, pérdidas y frustraciones por las que ha pasado. Esta técnica produce ventanas *light* inolvidables, creando puentes indestructibles entre maestros y alumnos.

Transferir el capital de las experiencias de los maestros a los educandos es tan o más importante que transferir el conocimiento. Recuerde: sólo amamos a quien admiramos. Si el maestro es amado, el conocimiento que posee también lo será; si el maestro es aburrido o rechazado, es muy probable que el conocimiento que transmite no será inspirador. Ser maestro de la vida es la meta mayor de un educador.

Técnica 7. Humanice al productor del conocimiento

No sólo el maestro debe humanizarse, como ya expresé en el libro *Padres brillantes, maestros fascinantes*. Tiene la responsabilidad de humanizar también al pensador que generó las ideas, al investigador que realizó los descubrimientos.

En la era de la ansiedad, uno de los mayores errores de la educación mundial es no hablar de pérdidas, crisis, lágrimas, rechazos, insomnios de los productores que construyeron la información que se enseña en el salón de clases. Sin humanizar al científico o al pensador, hay más probabilidades de generar alumnos débiles y no fuertes, serviles y no críticos, conformistas y no atrevidos, tímidos y no emprendedores.

¿Qué generación produjo más conocimiento, aquella que giró en torno a Freud o Piaget, o el resto de las generaciones que endiosaron a tales pensadores, convirtiéndose en freudianas o piagetianas? Siempre es la primera generación, pues es la que enfrentó las dificultades, las crisis y las deficiencias del pensador, y también se atrevió a pensar.

Técnica 8. Sentarse en círculo

Sentarse en un semicírculo puede motivar a los alumnos y calmar la inquietud. Mirarse a los ojos uno al otro es relajante e incentivador. Los niveles de ansiedad son tan altos en la generación Z, que esconderse detrás de la nuca del otro expande la tensión, facilita las conversaciones paralelas y promueve la distracción.

Técnica 9. Música ambiental

La música ambiental calma, aquieta la emoción de los alumnos, disminuye los niveles de estrés y aumenta los de concentración. En el pasado, en pruebas que hicimos en escuelas públicas con alto índice de irritabilidad y conflictos, la música ambiental expandió la tranquilidad y el placer de aprender.

Técnica 10. Educar a la generación Z

Jamás deberíamos mirar la historia como zombis intelectuales, esperando que llegue el fin de la existencia. Deberíamos tener el coraje de interferir y reciclarla. Tenemos el derecho a entender que "quien vence sin riesgos triunfa sin glorias". Si tuviéramos esa comprensión, crearíamos, nos reinventaríamos y viviríamos mucho más. Seríamos menos palestinos, judíos, europeos, americanos, africanos, asiáticos, y más seres humanos, ¡miembros de una gran familia, la familia humana!

Tendríamos más "Fleming", "Sabin", "Einstein", "Piaget", "Freud", incluso más "Steve Jobs" y "papa Francisco". Encontraríamos más pensadores apasionados por las nuevas ideas, que se erguirían del caos, perderían el miedo de perderse, dudarían de sus falsas creencias o pensamientos limitantes. En fin, ¡seríamos menos dioses y más seres humanos!

Si fuéramos menos cartesianos y más gestores de nuestra emoción, estaríamos más evolucionados social y científicamente, castigaríamos menos los errores y aplaudiríamos más los aciertos. Pero, por desgracia, y respetando las excepciones, las familias y las escuelas no están preparadas para educar a la generación Y ni, sobre todo, a la Z. Las universidades y las empresas tampoco están preparadas para recibir y adaptarse a esa generación al parecer rebelde, pero fascinante y encantadora.

El sistema educativo racionalista está enfermo, formando jóvenes encuadrados en sus paradigmas cerrados. Necesitamos ser buscadores de las herramientas de oro para arar y cultivar los suelos de nuestra mente y de la mente de nuestros hijos y alumnos.

11

Tener alergia a ser aburrido (ser repetitivo y dar sermones), dialogar y desarrollar la autoestima

---

DECIMOQUINTA REGLA DE ORO

◆——◆————◆——◆

Ser alérgico a ser aburrido y repetitivo

Soy una persona alérgica. No es cómodo ser alérgico. Comezones, estornudos, dificultad para respirar y muchos otros síntomas nos perturban. Pero estoy preconizando un tipo de alergia que todos deberíamos tener, principalmente los ejecutivos, los padres, los maestros y las parejas: alergia a ser rutinario, aburrido, repetitivo.

Parece broma, pero nunca hubo tantos padres repetitivos, jamás tantos maestros aburridos y líderes especialistas en corregir a sus seguidores con regaños trillados y agotadores. En la era del entretenimiento, donde la industria del ocio, por medio de las series de televisión, el cine, los deportes y la música procura de todas las formas posibles traer novedades para cautivar al espectador, los educadores, como los grandes comunicadores del teatro de la sala de la casa y del salón de clases, muchas veces no hacen ni un mínimo esfuerzo por ser más versátiles, interesantes, encantadores y para atraer a la audiencia compuesta por sus hijos y alumnos. Quieren atención, pero son personas notoriamente rutinarias y repetitivas.

Observe una situación común. Si un marido ve a su esposa cortando sus respuestas, o viceversa, interrumpiendo el discurso de su pensamiento, es común criticarla. Debería alegrarse con la intervención de la persona que ama, aunque lo haga innumerables veces. Debería, incluso, disminuir el índice GEEI y poner su mente en piloto automático y relajarse, admirarla. Pero no, el sujeto es rutinario e intolerante, habla en tono exaltado: "¡Me toca hablar a mí!".

Las parejas en las que uno compite con el otro entran en un estado de bancarrota. Al comienzo de la relación son extremadamente generosos, pero con el paso del tiempo inicia la competencia. No se aman con un amor inteligente, calmado, motivador, sino con un amor tosco, irritado, intolerante a las frustraciones. No existe un amor sustentable donde uno no admira al otro.

Los padres que dicen más de una vez lo mismo cuando corrigen a sus hijos son rutinarios. Algunos lo dicen más de cien veces, sin saber que a la segunda vez ya cerraron el circuito de la memoria. Los maestros que dan los mismos sermones son terriblemente rutinarios. Parecen esas tornamesas antiguas, donde la aguja se quedaba atorada en un área del disco de vinil y repetía el mismo trecho de música continuamente.

Cuando los padres o maestros abren la boca para soltar un regaño viejo y aburrido, disparan inconscientemente, en la mente de los jóvenes, el gatillo de la memoria, que abre una ventana *killer*, y el ancla que cierra el circuito de la memoria, pues ellos ya se saben de memoria todo lo que viene, y por lo tanto ya no escuchan nada, aunque vociferen, griten, tengan crisis de ansiedad. Ese mecanismo mental ocurre en fracciones de segundo. No es que un niño o adolescente no quiera oír a sus educadores; es que no lo logra, pues está aprisionado por el comportamiento tedioso, rutinario, repetitivo de quienes lo educan.

Si usted detestara las películas de terror, y alguien lo obligara a ver una, ¿sería placentero? ¡Claro que no! ¿Cómo obligar entonces a nuestros hijos y alumnos a escuchar nuestros viejos y repetitivos sermones, y encima despotricar diciendo que son ingratos y rebeldes?

Somos peores que una película de terror; pasa un año y entra el otro año y seguimos en la rutina, repetimos las mismas palabras, hacemos las mismas advertencias, ¡y encima queremos que nuestros jóvenes nos escuchen callados, sin siquiera mirar a otro lado! Eso no es poner límites, es estresar el cerebro de nuestros hijos y alumnos. Al no entender la última frontera de la ciencia, el proceso de construcción de pensamientos y la formación del Yo, nos convertimos en verdugos de aquellos a quienes amamos.

Personas que se envician con personas

¿Conoce parejas que se pasan la vida peleando y no se separan? Son bellos, inteligentes, joviales, pero no cuando están juntos. En presencia uno del otro, son aburridos, repetitivos, fastidiosos. Se vician uno al otro.

Los romances no duran si las parejas no se sorprenden uno al otro. Por ejemplo, un marido rutinario y aburrido que aprendió a gestionar su emoción llega con un ramo de flores y le dice a su esposa: "De todas las cosas que conquisté en la vida, tú eres la mejor". Impactada, ella responde: "Tal vez tú no seas el hombre más perfecto del mundo, pero ciertamente eres el hombre de mi vida".

Un romance sustentable y renovador debe romper la cárcel de la rutina. La pareja necesita provocar, inspirar, ser fans uno del otro. ¿Usted inspira a quien ama? La pareja debería aplaudirse uno al otro ante cualquier gesto inteligente, generoso, sensible. ¿Usted le aplaude a su marido o a su esposa? Por desgracia, estamos enviciados en criticar, exponer fallas, señalar defectos. Pregunte a sus amigos si ellos tienen ese tipo de vicio. Si lo tienen, están asesinando al romance. Las parejas que repiten las mismas palabras cuando están tensas pusieron sus romances en un asilo, envejecieron emocionalmente.

Si como pareja, educador o ejecutivo usted repite dos veces la misma crítica, regaño o corrección, usted es una persona un poco aburrida, pues lo ideal es decirlo sólo una vez. Pero si se repite tres veces, es una persona razonablemente aburrida. Si se repite tres o más veces, tal vez ni usted mismo se soporta de tan aburrido que es. Necesita ser alérgico a la rutina.

Las parejas deberían entrenarse para ser pacificadoras, los padres y maestros deberían ser formadores de mentes brillantes. Ambos deberían crear un clima tranquilo, alegre, soñador, renovador, sorprendente, para educar a quienes aman.

Los maestros deberían decirle a un alumno que se equivocó en una clase: "¡Tú ya no eres un número en la clase, eres un alumno especial! Yo apuesto por ti, y creo que podrás hacer grandes cosas en el futuro. ¡Ahora piensa en tu actitud!". Un padre debería decirle a un hijo que lo decepcionó: "A pesar de que me lastimaste, quiero agradecerte por existir y ser fundamental en mi vida. Sin ti, mi cielo no tendría estrellas, gracias por existir, pero piensa en tu comportamiento".

El mundo necesita personas que liberen su imaginación, que expresen palabras nunca dichas, que impacten a quien las oye con su sensibilidad, lo desarmen con su generosidad. Tales actitudes podrían, incluso, cambiar la forma de solucionar los conflictos internacionales, por ejemplo, entre árabes y judíos, inmigrantes y europeos. ¡Ellas abren el circuito de la memoria, archivan ventanas *light*, oxigenan la mente, proporcionan la musculatura para que el Yo sea protagonista de su propia historia!

Lamentablemente, en una existencia tan breve, en la que deberíamos ser libres en extremo, "enyesamos" nuestras mentes y las de quienes educamos.

DECIMOSEXTA REGLA DE ORO

Dialogar con inteligencia

El diálogo es insustituible para la formación humana, sea cual sea el lenguaje. Debería comenzar cuando el feto está en formación. Aun cuando él no entienda el mensaje intelectual de los pensamientos que usan los símbolos de la lengua, los pensamientos dialécticos, sentirá el mensaje emocional de la madre o del padre si le hablan con frecuencia durante su desarrollo en el útero materno. Y utilizo a Beethoven para defender mi tesis, otra herramienta de oro.

Cuando perdió la audición, Beethoven entró en una crisis depresiva intensa. El mundo se derrumbó a sus pies. La cárcel de la emoción lo asfixió: se sintió invadido por ideas perturbadoras, ausencia del sentido de la vida y autocastigo. Pero pudo romper esa cárcel al atreverse a componer bellísimas sinfonías poniendo su oído sobre una superficie y sintiendo la vibración de las notas musicales.

Por eso, los padres deberían cantar y hablar con el bebé en formación poniendo las manos en el vientre de la madre. Decirle cuánto lo aman, que es bienvenido, esperado. Esas actitudes construyen ventanas *light* en los padres e inducen la emoción del feto, aunque en forma minúscula. Después del nacimiento, éstas se relacionarán con los padres.

Los responsables de la educación del niño deberían acelerar el diálogo. Construir una pauta de diálogo frecuente, agradable y relajante aproxima el planeta mente de los educadores con el de los educandos, cruza mundos, crea espacios internos explorados.

Si hay una regla de oro que todos creen conocer es la importancia del diálogo. En apariencia, sería innecesario hablar de ella en este libro; si bien sabemos hablar, emitir sonidos, discurrir sobre los asuntos, por desgracia no sabemos dialogar. Muchos intelectuales, psicólogos o psiquiatras no saben dialogar ni en forma mínima con quien aman. Atendí a varios de esos profesionales. Muchos sabían tratar a los pacientes, pero no lograban construir puentes con sus hijos y parejas. Pero a final de cuentas, ¿qué es dialogar?

Dialogar no es expresar palabras secas, frías, desprovistas de sentimientos; es hablar sobre nosotros mismos con el lenguaje del corazón.

Dialogar no es hablar de arriba hacia abajo, disminuyendo a quien nos oye, sino mirar a la misma altura de los ojos, exaltando a quien amamos.

Dialogar no es presentarse como un ser humano acabado, sino como un ser humano en construcción que contribuye con otros seres humanos en construcción.

Dialogar no es oír lo que se quiere oír, sino lo que el otro tiene que decir.

Dialogar no es tener la necesidad neurótica de ser perfecto y defender nuestras posiciones e ideas con uñas y dientes, sino reconocer los errores, pedir disculpas, tener en alta consideración a quien debate con nosotros.

Dialogar no es tener la necesidad neurótica de ser el centro de atención, sino sentir el placer de promover a los demás para que brillen en el escenario de su mente.

Dialogar no es ser indiferente y poco delicado cuando el otro falla, incluso si no tiene la misma velocidad y coherencia de raciocinio que usted, sino expresar varias veces durante el diálogo que usted le aprecia, felicitar al interlocutor, aunque sea un niño, y conducirlo de manera inteligente y productiva.

Dialogar no es hablar de política, economía o deportes, sino comentar los capítulos más importantes de nuestra biografía, las dificultades y derrotas que atravesamos y las lágrimas que lloramos, para que nuestros hijos y alumnos se atrevan a escribir sus propias biografías sin miedo y con dignidad.

Los padres y maestros inteligentes, que aprenden las técnicas de *coaching* de la gestión de la emoción presentan diálogos inteligentes. Preguntan: "¿Qué estás sintiendo? ¿Qué miedos te atormentan? ¿Cuáles son tus sueños? ¿Qué pesadillas te afligen? ¿Cómo puedo contribuir para que seas más feliz?". Cuestionamientos como ésos deberían formar parte del menú principal para nutrir la relación entre educadores y educandos, entre parejas, entre amigos.

Los maridos que aprenden las técnicas de gestión de la emoción deberían ir más allá y afirmar: "¡Estás más linda que nunca! Tu cuerpo no está deformado por el embarazo, es una escultura increíble". ¡Los hombres más románticos y saludables deberían ser menos cartesianos y más poetas de la vida!

Los padres y maestros que son impacientes e intolerantes, que no saben dialogar de manera inteligente y bienhumorada con sus hijos y alumnos, están aptos para lidiar con máquinas, pero no para formar pensadores. No liberan su potencial creativo para contribuir a producir mentes libres y saludables. Pueden, sin saberlo, estar preparando a sus hijos y alumnos para ser futuros pacientes de los consultorios de psiquiatría y psicología.

Un diálogo rico, continuo, saturado de risas y elogios produce una revolución cognitiva, irriga el desarrollo de las artes de la observación, la interiorización, el relajamiento, la imaginación y el pensamiento abstracto. Esos elementos nutren una emoción saludable, tranquila y contemplativa.

Las embarazadas necesitan diálogos notables. Existe una serie de estrategias no medicamentosas que alivian su ansiedad y su humor depresivo. Por ejemplo, dibujar, tocar instrumentos o tener actitudes filantrópicas. Esa estrategia desacelera los pensamientos angustiantes, mejora la concentración, relaja e induce el placer.

Nada es más agradable que reunirse con las amigas para conversar y contar historias. El diálogo ligero y sin compromisos puede ser arrebatador si se realiza con frecuencia.

Las mujeres son más resilientes, en promedio, que los hombres. Muchos hombres sufren en silencio, lo que es señal no de resiliencia, fuerza y coraje, sino de la robotización del ser, de la necesitad neurótica de tener siempre la razón. Las mujeres democratizan más su dolor, lo exteriorizan más, y esto favorece su superación.

Con frecuencia, la cantidad de estímulos estresantes que las mujeres sufren a lo largo de la vida es mayor que la de los hombres, incluso por el embarazo. Víctimas de terremotos, guerras, crisis económicas, las madres lloran, pero pocos ven sus lágrimas; se deprimen, pero casi nadie percibe su dolor. Es vital abrazarlas y acogerlas. Por eso debemos aplaudir, valorar y apoyar financieramente programas mundiales como Médicos sin Fronteras, que ofrecen soporte a esas madres y a sus hijos.* Esos médicos son poetas de la humanidad.

Por desgracia, en la era digital no es necesario pasar por guerras y terremotos para vivir en un ambiente emocional saturado de estímulos estresantes. Los padres enviciados en sus *smartphones*, que acceden frenéticamente a sus aplicaciones y a sus redes sociales, pueden desarrollar insatisfacción crónica, altos niveles de irritabilidad y ansiedad, lo cual los lleva a la intolerancia con las frustraciones. Se vuelven expertos en destruir las reglas de oro que estamos exponiendo. Las pequeñas contrariedades los hacen perder la paciencia, gritar, señalar fallas, regañar, criticar. Son ecologistas físicos, no aceptan basura en la mesa o en el suelo, pero son antiecologistas mentales, que contaminan el delicado planeta emoción de sus hijos.

Los padres y maestros conectados a sus celulares sustituyen el diálogo por el envío de mensajes. Dejan de admirar a los personajes más increíbles del mundo, sus hijos y alumnos. Usar el celular frente a los seres queridos es un

---

* Para más información, visite <www.msf.es> y <www.msf.mx>.

crimen educacional. En el fondo, ellos se vuelven "baratos", están dejando de ser nuestra prioridad. ¿Ellos son su prioridad? Verifique si usted usa su celular frente a sus hijos, su pareja, sus amigos, en vez de escucharlos, aplaudirles, emocionarlos. El ser humano moderno está más enfermo de lo que imagina.

LOS NIÑOS QUE MIENTEN SON INTELIGENTES

Estimule a sus hijos a dialogar desde pequeños. Aplauda las conversaciones, incluso sus perspicacias, astucias y simulaciones. No se escandalice cuando ellos mientan o finjan.

De acuerdo con las investigaciones, en los primeros diez minutos de conversación, 60 por ciento de las personas cuenta dos o tres mentiras. Contar algunas de ellas, fingir, decir verdades a medias, forma parte del ser humano. No es que sea adecuado, pero incluso el más puritano de los religiosos usa esta estrategia, aunque lo niegue. Algunas estrategias son aceptables e inteligentes, y tienen como objetivo ahorrar sufrimientos. Decirle a una mujer "creo que adelgazaste un poco" es mucho mejor que decirle "¡sigues estando gorda!". Alguien pregunta si está todo bien. La respuesta muchas veces es inmediata: "sí, todo bien", aunque la persona viva un caos emocional.

Todo educador debe saber que la gran mayoría de sus hijos y alumnos miente, oculta, niega. Claro, negar y mentir sobre fenómenos importantes genera una personalidad simuladora, lo que es grave y debe ser reciclado. Sin embargo, los padres y maestros no deberían regañar, generar ventanas *killer* en quien se equivocó diciéndole: "¡Eres un mentiroso!". Porque los educadores también mienten, y deberían señalarse con el dedo a sí mismos también.

Al contrario, deberían dialogar, aplaudir las estrategias de los niños y de los jóvenes y usar esa energía a favor del crecimiento. Presentarles los riesgos sin castigarlos. En la primera infancia, entre los cuatro y los seis años, los niños mienten mucho, pues quieren ahorrar el dolor, sea éste cual sea. Hay investigaciones que señalan que los niños con ese tipo de habilidad tienen más éxito que quienes son extremadamente sinceros. Educar su Yo es vital para que piloteen la aeronave mental.

Mentir o fingir es un raciocinio más complejo que decir la "verdad", pues abre un mayor número de ventanas con millones de datos a ser procesados. Las computadoras jamás podrán mentir. No condenen, no rebajen, no eleven el tono de voz ni critiquen a quien falla, al contrario, dialoguen abiertamente, eduquen generosamente, valoren a quien falló para después mostrarle los riesgos. No sean racionalistas, sean educadores inolvidables, formadores de mentes inteligentes apasionadas por la vida y por la humanidad.

12

Dar regalos en exceso genera mendigos emocionales: la técnica DCD (dudar, criticar y determinar)

DECIMOSÉPTIMA REGLA DE ORO

◆————————●————————◆

Cultivar la higiene mental: la técnica DCD

os bebés influyen tanto en la mente de las mujeres que éstas pueden, a diferencia de otros animales, desarrollar depresión posparto, caracterizada por ansiedad, inquietud, profunda tristeza, insomnio, fatiga dantesca y, entre otros síntomas, miedo al futuro y un tremendo sentimiento de culpa por no estar cuidando a su pequeño hijo.

El miedo al futuro, a perder al hijo, así como el sentimiento de incapacidad y el autocastigo, asociados a alteraciones metabólicas y a la deformación del cuerpo ocasionada por el embarazo, alimentan el caldero de emociones angustiantes que pueden propiciar este tipo de depresión.

Al contrario de lo que muchos piensan, las mujeres son valientes hasta cuando se deprimen y se apartan de sus bebés. Muchas tienen miedo de lastimarlos. Durante más de veinte mil consultas psicoterapéuticas y psiquiátricas, vi madres asaltadas en sus mentes por imágenes mentales horribles. Amaban tanto a sus bebés y quedaban tan impactadas con su fragilidad que construían imágenes perturbadoras. El miedo de perderlos, de no poder cuidar de ellos, las atormentaba. ¡No las culpen, abrácenlas! Ellas necesitan atención médica, principalmente de un ginecólogo y un psiquiatra. Además, enséñenles una herramienta de oro del *coaching* de gestión de la emoción para la prevención de trastornos mentales: la técnica DCD. Me explico.

Todo ser humano, sea niño, joven o adulto, mujeres embarazadas o no, padres o maestros, ejecutivos o empleados, debería aprender a practicar la higiene mental así como la higiene bucal. ¿Cómo? Todos los días, en el silencio mental, debería aplicar la técnica DCD (dudar, criticar y determinar).

Debería **dudar** de todo lo que lo controla, pues aquello que cree, lo controla. Dudar del control del miedo, del autocastigo, del sentimiento de incapacidad, de no poder asumir tanta responsabilidad, de que sus hijos no desarrollarán una personalidad saludable. Debería también **criticar** su baja autoestima, su debilidad, sus pensamientos asfixiantes, el conformismo y las falsas creencias. Debería también, para completar la técnica DCD, **decidir** o determinar a cada momento ser libre, seguro, ligero, relajado, gestor de su mente.

La técnica DCD puede aplicarse espontáneamente todos los días, tres o cuatro minutos cada vez. Lo ideal es que se realice antes de salir de casa y al acostarse por las noches. Iniciar o finalizar el día con higiene mental relaja, calma, derrota a nuestros depredadores mentales, reedita nuestra historia.

Si todos los días los niños, los jóvenes y los adultos en todas las naciones practicaran esta técnica de manera disciplinada, evitaríamos cientos de miles de suicidios y millones de otros trastornos emocionales por año. La técnica DCD es revolucionaria.

Hay cientos de millones de mujeres que se atormentan a causa de sus cárceles mentales, en especial por la dictadura de la belleza. Hay un león rugiendo dentro de ellas. El patrón tiránico es atroz. Las mujeres que no usan técnicas como la DCD quedan emocionalmente indefensas. Su Yo no sabe enfrentar a sus depredadores internos y externos. Archivan tantas ventanas *killer* que, poco a poco, pierden ligereza, fluidez y alegría de vivir.

DECIMOCTAVA REGLA DE ORO

◆━━━━━━━━━━━━◆━━━━━━━━━━━━◆

¡Dar regalos en exceso genera mendigos emocionales!

La sociedad de consumo está destruyendo el instinto de preservación de los educadores, que están perdiendo los parámetros sobre cómo educar a hijos y alumnos con las mejores herramientas. Muchos padecen ssc (síndrome del soldado cansado), están agotados, sin fuerza física, ánimo y valor para educar, reinventarse, tener tolerancia y escuchar las peticiones de sus niños y sus adolescentes. También sufren de spa, su mente está inquieta, padecen cefaleas, dolores musculares, tienen temor al futuro, son olvidadizos. Por eso son impacientes con sus hijos, los pequeños estímulos estresantes los perturban. No se dan cuenta de que los niños se equivocan, exigen, destrozan la rutina. Se olvidaron de que educar es una tarea bellísima, pero extenuante.

Debido al ssc y al spa, padres y maestros no logran impactar a los jóvenes con su llama motivacional, que está apagándose. Los padres deberían ser los mejores payasos, los grandes héroes y los más excelentes narradores de historias para sus hijos, pero tienen un enorme déficit de energía biopsíquica, por eso los saturan de regalos para compensar su ausencia emocional. Incluso los padres que no son ricos hacen sacrificios enormes, les compran muchos regalos a sus hijos para intentar suavizar la ansiedad de sus niños. Como vimos, el regalo más caro y más importante es el que rara vez dan: ellos mismos.

¿Existen riesgos emocionales en dar regalos en exceso? Muchísimos. Tal vez lo que voy a decir aquí les choque, pero es necesario. Dar ropa cara, tenis, zapatos, bolsas, *smartphones*, *tablets* y otros productos sin ningún criterio, en exceso, genera importantes consecuencias.

Los riesgos posibles que el exceso de regalos puede causar en el proceso de formación de la personalidad de los niños y jóvenes son:

RIESGO 1   Cerrar el circuito de la memoria y generar comportamientos que envician. Los niños y los adolescentes requerirán cada vez más nuevos productos para sentir migajas de placer.

RIESGO 2   Insatisfacción crónica. El exceso de regalos estimula de manera inconsciente el fenómeno de psicoadaptación, que se caracteriza por la pérdida de sensibilidad por los mismos estímulos. Se cansa o se aburre rápidamente de los juguetes y productos, y eso hace que necesite mucho para sentir poco; esto lleva a los jóvenes a gravitar en la órbita del tener y no del ser.

RIESGO 3   Dificultad para contemplar lo bello y desarrollar una exteriorización existencial. Un cerebro enviciado en los regalos no logra hacer de las pequeñas cosas un espectáculo para sus ojos. Valora lo que el dinero puede comprar, pero no lo que no tiene precio, como la propia vida. Esa exteriorización existencial puede facilitar el consumo de drogas o llevar a los jóvenes a vivir de manera peligrosa, sin pensar en las consecuencias de sus acciones.

RIESGO 4   Expansión de los niveles de ansiedad. La dificultad de contemplar lo bello y la insatisfacción crónica conducen a la inquietud emocional y a la necesidad neurótica de querer todo rápido y listo.

RIESGO 5   Inmadurez emocional y dificultad para ser líder de sí mismo. Esto dificulta el proceso de formación del Yo y su habilidad para procesar las experiencias: trabajar las pérdidas, las frustraciones, los rechazos, los límites.

RIESGO 6   Envejecimiento precoz de la emoción. Al generar insatisfacción crónica, hacer que se quiera todo rápido y listo, crear dificultad para procesar las experiencias y contemplar lo bello, el exceso de regalos lleva a los niños y jóvenes a envejecer emocionalmente: se quejan mucho, les es difícil realizar tareas, hacer un favor y un sacrificio, no logran reinventarse, no tienen garra para luchar por sus sueños. El exceso de estímulos de la industria del entretenimiento también produce el mismo efecto. Aunque la emoción siempre puede rejuvenecer, estamos en la era del envejecimiento emocional de la juventud mundial.

RIESGO 7   Expansión de los índices GEEI. Una emoción insatisfecha, ansiosa, envejecida, inmadura, en-
viciada en productos, no se estabiliza, se relaja
o se tranquiliza con facilidad. Al contrario, des-
perdicia energía excesiva con pensamientos
perturbadores, autoexigencia, baja autoestima,
inseguridad.

La suma de todos esos riesgos pone en evidencia que el exceso de regalos puede producir mendigos emocionales en
masa. La ONU ha detectado que hay ochocientos millones
de seres humanos hambrientos, que ingieren menos de
dos mil calorías diarias. Una cifra dramática. Pero lo que la
ONU no detectó es que hay un número más espantoso de seres humanos hambrientos emocionalmente. Hay millones
de niños y jóvenes que viven en residencias confortables,
pero no tienen comodidad; duermen en camas mullidas,
pero no descansan; compran boletos para fiestas, pero están siempre insatisfechos e inquietos.

Queridos padres, no se condenen al darse cuenta de sus
errores, pero tengan el valor de corregir el rumbo. Sus hijos necesitan entrenar su Yo para conquistar aquello que el
dinero no puede comprar, refinar su emoción para hacer
de las pequeñas cosas un espectáculo para sus ojos. Observen y apliquen las herramientas de oro para formar mentes brillantes y saludables. Corran detrás del tiempo.

Usar la técnica dcd para domesticar
a los depredadores de nuestras mentes

Déjeme contarle una historia. L.T. era una mujer de cuarenta años, culta, inteligente y financieramente acaudalada. Siempre tuvo una alta autoestima, hasta que, después de tener dos hijas, comenzó a pelearse con el espejo. Era especialista en encontrar defectos en su cuerpo. Parecía que usaba un microscopio para atormentarse.

Una madre con la autoestima debilitada difícilmente tiene el capital emocional para educar a sus hijos y tener una autoestima saludable. Sus dos preadolescentes, a pesar de ser bellas, también se volvieron expertas en criticar su busto, su trasero, sus estrías. Una de ellas detestaba su nariz, la otra, su cabello. Para compensar el complejo de inferioridad de sus hijas, la madre las llenaba de regalos. Ropa de marcas costosas, aparatos electrónicos, collares, aretes, a montones.

La casa de L.T. era una fábrica de estrés. Ella, hipersensible y angustiada. El padre, industrial, impaciente e intolerante a las frustraciones. Ninguno entendía por qué teniendo todo para ser felices eran una familia depresiva.

Por fortuna, L.T. buscó ayuda, le abrió el libro de su vida sin miedo a un profesional de la salud mental. Poco a poco, descubrió que no sólo tenía un trastorno emocional, sino también un trastorno educacional, en fin, no había pulido a su Yo para pilotear su aeronave mental. Era una notable abogada, protegía a sus clientes, pero no sabía proteger su propia emoción, impugnar los pensamientos perturbadores ni confrontar las ideas angustiantes. Su mente no tenía un abogado defensor. Estaba injustamente encarcelada dentro de sí misma. Vivía en la cárcel de la emoción.

A través del tratamiento mapeó sus conflictos, causas y consecuencias. Y, además, comenzó a reeditar las ventanas traumáticas que asfixiaban su placer de vivir. Se dio cuenta de que se autosaboteaba. También comenzó a ejercer la técnica DCD fuera del ambiente del consultorio. Su Yo dejó de ser pasivo, todos los días y en todas partes dudaba de que todo la controlaba, criticaba sus pensamientos débiles y decidía adónde quería llegar y lo que le gustaría ser.

Entendió que de nada servía hacer higiene corporal si no hacía la emocional. Aprendió a enfrentar las "fieras" que acechaban en los bastidores de su mente devorando su autoestima y su autoimagen. A lo largo de los meses, L.T. dio un salto enorme. Tomó consciencia de que traumatizaba a sus hijas por ser pesimista y autopunitiva. Lloró, pero no se culpó, comenzó a reconstruir su historia.

Corrió detrás del tiempo, aprendió a dar lo que el dinero no puede comprar. Abrió su biografía para sus hijas y les proporcionó bellísimos diálogos sobre sus sueños y pesadillas. Les enseñó la poderosa técnica DCD. Les dijo: "Mamá les dio muchos regalos, quería compensarles su baja autoestima. Me equivoqué mucho, pero la técnica DCD las estimulará a hacer higiene mental y a gestionar sus emociones. Esa técnica vale más que miles de regalos materiales. Ustedes son bellas con su propia anatomía. La belleza está en los ojos de quien la mira. Entrenen a su Yo para que sea líder de sí mismo y emocionalmente libre".

Por fortuna, las jóvenes aprendieron a reciclarse. Pero estuvieron a punto de expandir las estadísticas de las enfermedades mentales. Tenemos que ayudar a nuestros hijos y alumnos a liberarse de sus cárceles emocionales. Nunca se olviden de que hay más cárceles en nuestra mente que presidios en las ciudades violentas. Exigirnos lo que no podemos dar, no relajarnos ante algunos errores, tener una autoestima débil, ser tímido, pesimista, exhibir crisis de celos son algunas cárceles sutiles que nos aprisionan en el único lugar en el que todos deberíamos ser libres.

Sepultar a los padres vivos

Además de viciar al niño a necesitar cada vez más estímulos para sentir migajas de placer, lo que genera una persona insatisfecha y ansiosa, el exceso de regalos perjudica la estructura del propio Yo. Vimos que quien forma la ME (inconsciente) es la MUC (consciente), aunque haya reacciones fomentadas por la carga genética que son inconscientes.

Un hecho relevante es que todo aquello a lo que ya no accedemos, que bloqueamos o descartamos, sale de los suelos del consciente y se va a la inmensa periferia del inconsciente, la ME. Por lo tanto, reitero, el inconsciente que describo en la teoría de la inteligencia multifocal no es un fenómeno de otro mundo, un universo inexplorable, algo incomprensible; al contrario, son millones de experiencias que están en las ventanas o archivos que forman las plataformas de nuestra biblioteca existencial.

Recordemos. Todas las experiencias adquiridas por el feto, el bebé, el niño, el adulto, y que dejan de ser utilizadas de manera directa y frecuente, poco a poco son enviadas de la muc a la me, del consciente al inconsciente. Ése es un proceso normal en la formación de la personalidad, pero puede ser acelerado y contaminado.

Cuando los padres dan regalos o estímulos digitales en exceso a sus hijos, dejándolos sin ningún control sobre jugar videojuegos, acceder a las redes sociales o a internet, desubican los fenómenos más importantes de la muc (como personas, sueños, proyectos de vida) hacia la me, hacia el inconsciente.

Si las amistades no son cultivadas por los jóvenes, se van de los suelos del consciente poco a poco a las plataformas del inconsciente. Y, aunque no sean completamente inaccesibles o inconscientes, se vuelven subliminales, poco importantes. La mejor forma de hacer que los hijos entierren el valor, la grandeza y la admiración por sus padres es llenarlos de regalos.

Los regalos son más sencillos que el corazón, la historia, las lágrimas, el diálogo profundo. Es más cómodo, y se obtiene una sonrisa rápida, aunque superficial, al dar un nuevo celular que al preguntar qué miedos secuestran a nuestros niños, qué angustias asfixian a nuestros jóvenes. Es más fácil dar ropa nueva que investigar si ellos están desnudos emocionalmente, sin protección, que decir: "¿Dónde me equivoqué y no lo supe, qué tipo de comportamiento tuve que te lastimó?".

Los productos y los regalos pueden ser una forma sutil y dramática de silenciar a nuestros hijos, de aquietar la ansiedad por breves momentos, de acallar su dolor. El tiempo pasa y las consecuencias aparecen. Todo lo que sembramos en los suelos de la mente de quienes amamos eclosiona un día. Hay hijos que reciben grandes herencias de sus padres, pero los sepultan en el territorio emocional. Casi no los visitan y, cuando lo hacen, rara vez les preguntan sobre sus aventuras y lágrimas. Los colocan en la periferia de su psiquismo.

Nada es tan triste como los hijos que sepultan vivos a sus padres.

Como padre, siempre me preocupé en no dar regalos en exceso. Quería que mis niñas contemplaran lo bello, se reinventaran, corrieran detrás de las mariposas, hicieran de la vida una gran aventura, en fin, quería que conquistaran lo que el dinero es incapaz de comprar.

Mientras escribía este texto, mi hija Cláudia, la menor, entró en mi estudio y me dio algo que ni todo el dinero del mundo puede comprar: un prolongado beso en la mejilla. Interrumpió mi texto y me dijo: "Este beso te va a inspirar todavía más. Te amo, papá". Sonreí feliz de la vida. Enseguida, me pidió que comiera con ella, pero yo estaba en una maraña de ideas. No podía parar. Cada vez que escribo, estoy completamente concentrado y absorto.

Le dije que iría después. Pasados algunos minutos, ella insistió. Sentada a la mesa, me gritó que me apresurara. Rápidamente, cerré estas palabras y fui con ella. A final de cuentas, ella es demasiado valiosa para mí. Es muy fácil que los padres superocupados entierren a sus hijos entre los escombros de sus actividades.

Si nuestros hijos y alumnos son más importantes que todo el oro del mundo, tenemos que aprender a hacer interrupciones, reciclar nuestro tiempo y tenerlos como nuestra prioridad. ¿Dónde están los besos más afectuosos, los abrazos más generosos, las más notables declaraciones de amor, los ánimos excelentes tipo "¡yo creo en ti!"? Por desgracia, en los cementerios. En el silencio de las tumbas están enterradas las palabras y los sentimientos que los padres, profesores, hijos, amantes siempre tuvieron deseos de expresar, pero no lo hicieron...

13
¿Sucesores o herederos? ¿Qué es lo que usted está formando?

*H*ay diferencias de poder entre las herramientas de oro que contribuyen a formar mentes libres, saludables, creativas, osadas, resilientes. Si las enlistara por orden de grandeza, la transferencia del capital de las experiencias estaría en la cima. Transferir el aporte de las experiencias de un ser humano a otro no es sólo ejercer el arte de dialogar con generosidad, altruismo, amabilidad, sino dar lo mejor de todos los capitales, un tesoro que dinero alguno puede comprar.

Escribí el libro *Los padres inteligentes forman sucesores y no herederos*. Los sucesores piensan a mediano y largo plazo, los herederos son inmediatistas. Los sucesores se inclinan en agradecimiento ante sus educadores, mientras que los herederos se quejan por todo y de todos. Los sucesores procesan sus experiencias, construyen su legado, incluso a partir de sus padres, en tanto que los herederos son sobreprotegidos, viven a la sombra de sus padres, no construyen su propia historia.

¿Cuál es el secreto de la formación de sucesores o herederos? La transferencia del capital de las experiencias. Los reyes, los intelectuales, las celebridades, los empresarios y los líderes sociales normalmente fallan en la formación de sucesores. Sucesores o herederos: ¿qué es lo que usted está formando? Entendamos mejor ese proceso.

El instinto y la preservación de nuestros hijos

Antes de entrar en capas más profundas de la mente humana con relación a la transferencia del capital de las experiencias, debemos entender la transferencia del capital instintivo. El instinto es un capital importante, aunque menos noble que el universo de las experiencias de vida.

Un pájaro frágil puede atacar a un águila poderosa que se aproxima a sus crías. Pone en riesgo su vida para protegerlas. Las pequeñas aves están investidas de un coraje sin par ante ávidos depredadores listos para atacar a sus crías. Enfrentan a los tucanes que tienen picos cien veces más grandes y filosos que los de ellas. ¡El instinto de preservación de la especie es sorprendente! Las gallinas son fóbicas, huyen de todos, pero, de la noche a la mañana, al eclosionar sus huevos y ver a sus pollitos, su cerebro se sumerge en las aguas del coraje. Bloqueando su pequeñez, reaccionan como gigantes ante quien los amenace. El instinto de preservación convierte a los pequeños animales en verdaderos héroes.

Y hablando de héroes, ¿Quién en nuestra especie tendría el valor de enfrentar a los grandes felinos? Un trabajador rural me dijo cierta vez que se le erizó el pelo cuando, montado en un caballo, un jaguar pasó delante de él. Dicen que al escuchar el rugido de un león de noche en las sabanas africanas, los caminantes se quedan pasmados.

El miedo a los depredadores siempre atormentó a la mente humana. Pero lo paradójico es que somos especialistas en crear nuestros depredadores. Cuando no tenemos problemas, los confeccionamos. Fantasmas, vampiros, brujas, espectros... La imaginación humana es fértil para autosabotearse. Los guerreros se enfrentan a las ametralladoras, pero huyen como niños ante los depredadores que existen en los rincones de sus mentes.

Muchas mujeres son supersticiosas, creen en los horóscopos, en el destino, sin saber que con frecuencia el destino no es inevitable, sino una cuestión de elección. Pero las mujeres son más fuertes que los hombres en muchos aspectos: se dan más, se preocupan más por el dolor ajeno, no renuncian con facilidad a quien las decepciona, son más éticas, cometen menos crímenes espantosos.

Cuando dan a luz, nadie es más fuerte que las mujeres. No miden las consecuencias para proteger a su prole. Vea esta historia. Lana no era una mujer grande, no era guerrera ni cazadora, sino una delicada recolectora de frutas. Vivía en el interior del Congo. Cierta vez, mientras recolectaba en medio de la selva, súbitamente escuchó un grito horripilante: "¡León! ¡León!".

Un león hambriento había entrado en su pequeña aldea. Era un devorador de hombres. Desesperados, todos huyeron dando gritos, casi sin aliento. Lana tenía que quedarse en la selva, subirse a un árbol, era su oportunidad de permanecer viva. Pero ¿cómo? Su pequeño hijo, Kunta, de un año y medio de edad, estaba en una de las chozas.

Llorando, Lana gritó: "¡Kunta! ¡Kunta!". Y sin dudarlo, corrió en dirección contraria a todos. "¡Huye, huye, Lana!", escuchó que algunos le decían. Un guerrero la agarró del brazo y le advirtió: "¡Estás loca, mujer! ¡Un enorme león asesino entró en la aldea!". Ella sólo pudo decir: "¡Mi hijo!". Desesperado, él salió huyendo, mientras que ella estaba invadida por un coraje único. Nada ni nadie detendría su instinto materno; moriría con su hijo.

Al aproximarse a la aldea, las imágenes de su bebé brillaban en los recónditos rincones de su mente. Tal vez todavía estaba vivo. Corrió y rápidamente llegó a la aldea. Y, por increíble que parezca, ¡llegó en los instantes finales de la historia de Kunta! Su pequeño hijo jugaba inocentemente en el camino polvoriento entre las chozas. El león estaba en una posición letal, listo para atacarlo. Era mejor huir. La fiera de más de doscientos kilos destrozaría a la mujer de cincuenta kilos. Pero Lana no dudó: tomó un palo y, gritando desesperadamente, atacó al león, a gritos. Para asombro de la biología, el león, tomado por sorpresa, se asustó. Su cerebro interpretó que corría un altísimo riesgo ante esa pequeña-gran mujer.

¡Aterrado, se batió en retirada! Fue así como una débil mujer, sobre los cimientos del instinto materno, enfrentó a un león que los guerreros no se atrevieron a enfrentar. *Las madres con un brazo arrullan a sus hijos y con el otro cambian a la humanidad cuando se vuelven artesanas de la personalidad de sus pequeños.*

Sin las mujeres, los hombres no existirían, no serían educados, tampoco seres humanos. Pero, históricamente, las hirieron, las silenciaron, las apedrearon, las quemaron. Tenemos una deuda impagable con las mujeres. Este libro tiene muchos objetivos, y uno de los más importantes es inclinarse humildemente ante las madres y las maestras para darles las herramientas para educar con madurez a sus hijos y alumnos. ¡Esta obra es un homenaje para ellas!

No basta con tener el instinto materno, no basta con proteger a los hijos contra los peligros del exterior. Si no transfieren el capital de las experiencias podrían fallar, no protegerán a sus hijos contra los depredadores que están en sus mentes. Acertarán en lo trivial, pero no en lo esencial.

Sinceramente, es muy fácil fallar. Rara vez las educadoras, e incluso los educadores, preguntan a sus hijos y alumnos: "¿Qué pesadillas los atormentan?", "¿Qué miedos los controlan?", "¿Qué angustias los asfixian?", "¿Qué lágrimas nunca tuvieron el coraje de llorar?".

MUJERES VALIENTES, MUJERES "LANA"

Millones de madres son valientes como la madre africana Lana, y de diferentes formas. Cuando tienen las condiciones sociales y financieras, algunas madres dejan su profesión, su estatus y su brillo social, y se vuelven ejecutivas de la empresa más compleja, su familia. Pagan un precio enorme por cuidar a sus hijos, que no siempre son tranquilos ni especialistas en agradecerles. Además, esas madres pasan por una frecuente incomodidad cuando alguien les pregunta, sin delicadeza alguna: "Pero ¿tú no trabajas?". Como si cuidar de la familia y educar a los hijos no fuera un trabajo digno y dificilísimo, no pocas veces más arduo que administrar una ciudad o una gran empresa. Son "Lana".

¿Y aquellas madres, la mayoría, que trabajan fuera de casa todos los días, dando lo mejor de sí como profesionistas autónomas o empleadas en las empresas? ¿No son ellas valientes? Muchísimo. Al final de una jornada extenuante, después de haber agotado su cerebro, su mente y su cuerpo, en vez de descansar, todavía se entregan a su pareja y a sus hijos. Les preparan la comida, revisan su evolución en la escuela. ¡Los superhéroes de Marvel son débiles ante esas heroínas de carne y hueso! Sí, son verdaderas "Lana".

Las mujeres deberían ser reverenciadas en toda la humanidad, pero son masacradas por la dictadura de la belleza, sus salarios son injustamente menores que los de los hombres por la misma actividad. Sus compañeros, con frecuencia rudos, no consiguen aplaudirles en la medida que merecen. Es inusual que un esposo o incluso un hijo exprese con honestidad: "¡Gracias por existir! ¡Tú haces toda la diferencia en mi vida!".

Y las maestras, así como los maestros, rara vez también son aplaudidas en la estatura que merecen. Algunos alumnos tienen el atrevimiento de preguntar: "Maestro, ¿dónde trabaja?". Como si educar no fuera la profesión de las profesiones. Los héroes más grandes del teatro social siempre se quedarán tras bastidores, en el anonimato. ¡Ellos entrenan a sus alumnos para que brillen y, cuando éstos lo consiguen, rara vez regresan para darles las gracias!

Nace la mayor celebridad del mundo

Los padres son los actores principales del teatro familiar antes de tener a sus hijos. Dibujan los sueños más relevantes, elaboran los más notables proyectos, escriben los principales libretos, incluso conflictos tontos y discusiones innecesarias. Sin embargo, de la noche a la mañana, su mundo se pone de cabeza, se vuelven actores de reparto ante un extraño personaje, pero tan esperado, que invade sin pedir permiso su espacio físico, intelectual y emocional: su bebé.

Aunque los padres sean, como yo, críticos del culto a la celebridad y proclamen que nadie es más grande o mejor que nadie, cuando el bebé sale del útero materno al útero social se inclinan humildemente ante la más notable de las celebridades. Y con el paso del tiempo lo aman tanto que hacen todo lo posible porque les dé un autógrafo: aunque sea una diminuta sonrisa, un beso cálido, los bracitos en su dirección. Todo es motivo de fiesta.

Por algún tiempo, los bebés son la mayor fuente de entretenimiento de los padres. Pero un grave accidente de tráfico ocurre a mitad del camino: el fenómeno de la psicoadaptación. Yo lo descubrí pronto al comienzo de mi producción de conocimiento sobre el funcionamiento de la mente, hace más de tres décadas. Quedé impactado con su actuación inconsciente y poderosa, fascinado al saber cómo mueve la mente humana y la evolución de la especie, aunque en forma destructiva.

Recordemos lo que ya mencioné. La psicoadaptación es un fenómeno que lleva al ser humano a perder la sensibilidad ante la exposición repetida a un mismo objeto. Una mujer compra un lindo vestido, mira a sus amigas de arriba abajo, anda radiante en una fiesta, pero después de usarlo algunas veces, el vestido pierde su glamour y su capacidad de entusiasmar.

Todo sufre la acción de la psicoadaptación. Las obras de arte, el estilo arquitectónico, el genio de la literatura, el diseño de los celulares, los modelos de los autos, la moda, los peinados, el patrón de belleza sufren constantemente la acción de la psicoadaptación, lo que genera una ansiedad vital que a su vez nos inquieta, nos impulsa a buscar algo nuevo y hace que nos reinventemos.

La psicoadaptación es importantísima, busca regular nuestra mirada para mostrar que lo importante es lo esencial, la vida, las personas, y no lo trivial, como los autos, la ropa, el estatus. Sin la psicoadaptación, quedaríamos deslumbrados con los bienes materiales, nos olvidaríamos de los que amamos. Pero, por desgracia, también nos psicoadaptamos a las personas y las descartamos.

"Muere" la mayor celebridad del mundo

La psicoadaptación puede hacernos enfermizamente conformistas, llevarnos a no estar inconformes con nuestras locuras, a no indignarnos con nuestros comportamientos tontos y, en consecuencia, hace que nos llevemos nuestros conflictos a la tumba. Muchos son esclavos de su trabajo, se preocupan excesivamente con su imagen social, poseen una necesidad neurótica de ser perfectos, son radicales, impulsivos, egocéntricos, pero, psicoadaptados a sus comportamientos enfermizos, no gritan: "¡Odio ser así! ¡Me voy a reciclar! ¡No estoy conforme con mis fallas!". Nos adaptamos psicológicamente a nuestras desgracias.

Si no se recicla, el fenómeno de la psicoadaptación puede generar hijos insensibles, especialistas en quejarse de la vida y en no valorar a sus padres. También puede conducir a los padres a perder el preludio y el encanto por sus hijos, con lo que se vuelven máquinas de dar regaños y corregir errores, y generan una situación educativa desastrosa.

Si usted pierde la paciencia con frecuencia con sus hijos y alumnos, si su cerebro se agota con facilidad con ellos, si no tiene buen humor, es incapaz de reírse de algunos de sus errores como cuando eran bebés, por desgracia usted ya se psicoadaptó a ellos.

Cuando los bebés no saben hablar, los padres hablan muchísimo con ellos, incluso en exceso, pero cuando aprenden a hablar, los padres se psicoadaptan y poco a poco dejan de dialogar, sustituyen el diálogo por los regaños. Cuando los bebés rara vez prestan atención a sus padres, éstos usan todas las estrategias para conseguir un beso o un pequeño abrazo, pero cuando sus hijos comienzan a ponerles atención, ellos ya no les piden "autógrafos" a sus hijos, muere la celebridad. Cuando los bebés apenas consiguen reír, los padres se vuelven grandes payasos en un intento desesperado de extraer de ellos pequeñas sonrisas, pero cuando ellos aprenden a sonreír, los payasos desaparecen y surgen los críticos.

Al nacer, el bebé se convierte en la mayor celebridad del mundo, cautiva la atención de los adultos, incluso de los extraños, todos quieren tocarlo, tomarle fotos, pero pasan los años y poco a poco el fenómeno de la psicoadaptación hace que pierda el brillo hasta volverse una celebridad en decadencia. Los años avanzan y la celebridad va decayendo a niveles sórdidos; cuando es un preadolescente se vuelve fastidioso, irritante, inoportuno, inquieto. Para cuando llega a la adolescencia, ya es un completo anónimo.

Aun cuando haya excepciones, el fenómeno de la psicoadaptación hace que la mayor celebridad del mundo, el niño, poco a poco pierda importancia para la mayoría de los educadores y para la humanidad, aunque juren que no es así.

Recuerdo un video muy interesante en el cual había una pregunta crucial para los padres: "Si pudieran cenar con la persona que quisieran, ¿con quién cenarían?". Alegres, los padres dieron el nombre de diversas celebridades. Entonces, les hicieron la misma pregunta a sus hijos pequeños, los cuales no dudaron: "Con mis papás".

Los padres normalmente pierden a sus hijos de los cuatro años hasta la preadolescencia. ¿Y por qué? Porque se psicoadaptaron a ellos; en especial, perdieron la sensibilidad para dar lo que el dinero no puede comprar. No saben encantarlos, seducirlos, envolverlos, fascinarlos, construir puentes, reírse de algunos de sus errores. Es mucho más fácil darles regalos para compensar la inquietud de una celebridad en franco proceso de decadencia. Es lo que hacen millones de padres.

Reitero: hay muchas formas de mostrar que nuestros hijos están en decadencia para nosotros. Ser impaciente, intolerante a sus comportamientos, señalar sus fallas, elevar el tono de voz, ser un manual de reglas, son sólo algunas de ellas. La sobreprotección es otra forma de descartar a un niño. La sobrevaloración no es darle una importancia saludable, es ser manipulado por él. No se desprecia a los hijos y alumnos sólo cuando los colocamos en la periferia de nuestra historia, sino también bajo nuestra sombra, impidiéndoles tener brillo propio...

Transferir el capital de las experiencias es la forma más importante de seguir valorando a nuestros hijos y alumnos, de irrigar su madurez, de nutrirlos en los suelos de nuestra biografía emocional...

El capital de las experiencias:
la excelente forma de educar

Los padres se fatigan día y noche, trabajan por décadas
para proveer el sustento para la supervivencia de sus hijos. Algunos pagan la colegiatura, compran libros, ropa,
tenis, aparatos digitales. Cuando pueden, pagan para que
aprendan un segundo idioma, visiten otros países, conoz-
can parques temáticos. Pero de todos los regalos que los
padres pueden dar, nada se compara con el capital de sus
experiencias.

Transferir los capítulos más importantes de nuestra
biografía es la forma más excelente de educar. "Pero tengo muchos errores", podría decir un educador. Contarlos
es una forma excelente de formar sabios: los inteligentes
aprenden de sus errores, mientras que los sabios aprenden
de los errores ajenos. Deje que sus hijos y alumnos aprendan de los errores que usted cometió. Muchos jóvenes se
rompen la cara, pasan por riesgos altísimos, porque no
procesaron sus experiencias a partir de la experiencia de
sus educadores.

"Pero yo lloré mucho, tuve una historia muy triste",
podrían decir algunos padres. ¡Eso enriquece su capital!
Si usted pasó por muchos sufrimientos, contar sobre sus
dolores, sus crisis, sus dificultades, es una forma notable
de hacer que los jóvenes entiendan que "no hay cielo azul
sin tempestades, ni camino sin accidentes". Tarde o temprano, ellos también llorarán. Debatir sobre nuestras lágrimas puede prepararlos para llorar las suyas. No silencie

el capital de sus experiencias: vale más que todo el oro del mundo.

La tolerancia, el altruismo, la compasión, la osadía, la resiliencia, la superación de la timidez, nada de eso se aprende con la carga genética ni en la condición de espectador pasivo del conocimiento, sino con la transferencia de los ejemplos. Si usted tiene miedo de sus lágrimas, no entiende lo que es la gestión de la emoción; si le dan vergüenza sus fracasos, no entiende el proceso de formación de pensadores. Los hijos admiran a los superhéroes, pero anhelan admirarlos a ustedes, los héroes reales, que respiran, tropiezan, caen, pero se levantan.

Una de mis mayores preocupaciones como padre era transferirles a mis hijas, Carolina y Cláudia, el patrimonio de mi biografía. Muchos me consideran el autor más leído de Brasil desde hace casi dos décadas, se alegran de que las universidades estudien mis obras y tesis y apliquen mi teoría, pero mi éxito podría ser un problema en la educación de mis hijas. Tenga plena consciencia de eso. Yo quería formar sucesoras y no herederas.

Para no educarlas a la sombra de mi éxito, les conté de muchas formas mis fracasos, los insomnios que tuve, las angustias que enfrenté, las pérdidas que sufrí. No lloro con facilidad. Muchas veces me reuní con mis niñas para hablarles de las lágrimas que nunca escenifiqué en el teatro de mi rostro. Quería que ellas aprendieran a llorar las suyas, sin miedo ni vergüenza. No se los contaba con drama, sino enseñando que es posible escribir los capítulos más notables de nuestra biografía en los días más tristes de nuestra historia. Ellas amaban mis aventuras.

Nadie cambia a nadie, pero podemos conducir a nuestros educandos a que ellos mismos se reciclen, se reinventen, conquisten características de personalidades sólidas e inteligentes a través de nuestras experiencias. El gran secreto es irrigar el territorio de la emoción de quién amamos para producir ventanas *light* que nutren al Yo para que sea gestor de la mente, autónomo, seguro, soñador, disciplinado.

No hay éxito sin algunos fracasos en la jornada, ni aplausos sin abucheos en el proceso, ni éxito sin crisis en el camino. Pero algunos padres cartesianos podrían argumentar, temerosos: "¡Si les cuento mis pérdidas y frustraciones, voy a perder mi autoridad!". Tal vez pierdan el autoritarismo, pero no la autoridad. Tal vez no formen mentes tímidas y serviciales, sino hijos que debatan sus ideas con seguridad, pues tendrán opiniones propias. Mis hijas discuten conmigo de igual a igual. A veces, creo que son petulantes, pero en seguida me río. Ellas son autónomas y, al mismo tiempo, apasionadas por la vida y por mí.

Hablar a nuestros hijos de los días más dramáticos, por lo menos de lo que puede ser contado, les enseña una de las mayores lecciones de la gestión de la emoción: *nadie es digno del podio si no usa sus fracasos para alcanzarlo.*

Las principales ventanas *light* doble P, que son saludables y estructuran la personalidad, deberían venir principalmente de la transferencia del capital de las experiencias de los educadores, mezclándose con las experiencias de los educandos. Por eso los maestros deberían dejar de ser racionalistas y hablar, por lo menos cinco minutos por semana, de un capítulo de su historia.

Los padres son verdaderamente ricos, aunque vivan en lugares pobres, si logran transferir algunos textos de su biografía para inspirar a sus hijos a escribir las suyas. Los padres son verdaderamente pobres, aunque vivan en casas carísimas y departamentos finísimos, si fallan en transferir el capital de sus experiencias.

Es preciso desarrollar estrategias para conquistar el terreno de la emoción de sus hijos, aunque éstos sean ansiosos, alienados, indiferentes, obstinados, autoritarios, consumistas. ¿Está usted dispuesto? Bajo el ángulo de la gestión de la emoción, incluso nuestras locuras pueden ser una fuente para enseñar la serenidad, dependiendo de la pedagogía de la sabiduría.

Hijos y alumnos necesitan desesperadamente padres y maestros humanos, pues sólo un ser humano puede formar a otro. ¡Pero nunca actuamos tanto como dioses, escondiendo nuestra debilidad y dificultad detrás de nuestras máscaras sociales!

14
¡La educación a la baja, la psiquiatría al alza! ¡Padres sordos, hijos mudos!

VIGÉSIMA REGLA DE ORO

Tener una mente que celebra los aciertos
y no está viciada en corregir errores

Hace cerca de quince años, mencioné en el libro *Padres brillantes, maestros fascinantes* que "cuanto peor sea la calidad de la educación, más importante será el papel de la psiquiatría y de la psicología clínica". ¡Por desgracia, lo que yo preví se está acelerando rápidamente! Las estadísticas demuestran que uno de cada dos seres humanos, o más de tres mil millones de seres humanos, desarrollarán un trastorno psiquiátrico a lo largo de su vida: depresión, trastorno obsesivo, síndrome de

pánico, ansiedad, trastornos de la alimentación, enfermedades psicosomáticas, dependencia a las drogas... ¡Nada es
más triste que eso! Estamos hablando de la mitad de la audiencia de los alumnos.

Si usted duda de la seriedad de esa estadística, haga una
rápida prueba. Vaya a cualquier salón de clases, incluso de
las escuelas particulares más prestigiosas, y pregunte:
"¿Quién despierta fatigado y sufre de cefalea?". Continúe
preguntando: "¿Quién sufre por el futuro, o vive rumiando
pérdidas, resentimientos y frustraciones del pasado?". Cues-
tione: "¿Quién olvida cosas, es impaciente, experimenta
soledad, aburrimiento o se cobra de más a sí mismo?". In-
dague, finalmente: "¿Quién tiene un sueño de mala calidad
o logra quedarse un día sin celular y disfrutarlo?".

¡Todos los directores, coordinadores y maestros que
aman la educación deberían hacer esa sencilla prueba! Muy
probablemente acabarán llorando. Por fuera, parece que
los problemas no son grandes, pero, como ya dije y enfati-
zo, nuestros hijos y alumnos están desarrollando colectivamente el ssc y el spa.

Ellos no están en una guerra física, sino mental, en un
ambiente social estresante, rápido, saturado de información, de necesidad de dar respuestas y de actividades. En
estos días, uno de los mayores deportistas del mundo, que
hizo conmigo la gestión de la emoción, me dijo que sentía
que llevaba su cuerpo a cuestas, de tan fatigado que estaba. El problema no era el ejercicio físico exagerado, sino el
ejercicio mental excesivo, que producía un alto índice GEEI
(gasto de energía emocional inútil). Incluso una persona

bien resuelta emocionalmente, que no tiene grandes conflictos, puede agotar su mente, vivir en el infierno del estrés.

¿Cuáles son los costos y las secuelas de tener una juventud mundial ansiosa, estresada y desanimada? ¡Incalcula-
bles! ¿Y cuántos de ellos se van a tratar? ¡Tal vez ni uno por
ciento de la población que enferme tendrá tratamiento, ya
sea porque es caro o porque esas personas niegan o no mapean sus conflictos! Reitero: no basta con enseñar valores
como la honestidad, la ética, la responsabilidad, el lideraz-
go. Eso cualquier padre o escuela tienen obligación de en-
señarlo. El secreto es enseñar a nuestros hijos y alumnos a
gestionar su mente, administrar su emoción, filtrar los estímulos estresantes, prevenir los trastornos emocionales.
El secreto es aprender tanto como sea posible a dirigir el
propio *script* psíquico y no ser controlados por los estímulos estresantes.

Hace más de dos décadas, hice una investigación que
señalaba que 50 por ciento de los padres nunca dialogaban
con sus hijos sobre lo que pasaba dentro de ellos. ¡Nada tan
inhumano! ¡Los padres y los profesores escuchan por horas
al hilo a los personajes de la televisión abierta y cerrada,
pero muchos no oyen a sus hijos y alumnos en su esencia!
Tenemos que resolver la ecuación: los educadores emocionalmente mudos generan hijos y alumnos sordos.

Pero algunos dirían: "Mis hijos y alumnos hablan muchísimo en las redes sociales". ¡Sí, dicen frases cortas y
superficiales! ¡Pero póngalos en una situación real para resolver un problema, debatir ideas, emitir una opinión o pedir disculpas y volver a comenzar animados todo de nuevo!

¡Su mente se quedará trabada! ¡Quedarán asustados como alguien que está en la selva amazónica ante una serpiente!

¡De nada sirve tener seguro de casa, de vida, de aparatos, si no protegemos la más delicada e importante de las propiedades, el territorio de la emoción! ¡Sin seguro emocional, una mala mirada arruina el día, una crítica acaba con la semana, una humillación o derrota social genera una ventana traumática que compromete una vida! Ante tamaña fragilidad, debemos actuar como ingenieros de ventanas *light* en los niños y en los jóvenes, para que desarrollen una protección emocional.

Sin embargo, para ser un educador con tal nobleza, tenemos que cambiar seriamente nuestra política de intervención. Es preciso celebrar los aciertos mucho más que señalar los errores. Veamos.

Exaltar a quien se equivoca antes de mencionar sus errores: una herramienta de oro

Desde los principios de la civilización humana, y como nunca estudiamos la teoría de las ventanas de la memoria, el poder secuestrador de las ventanas *killer* y el síndrome del circuito de la memoria, con frecuencia tomamos el camino de intervenir en las relaciones sociales, para corregir a quien se equivoca, a quien tropieza, para apoyar a quien se accidenta. Millones de seres humanos están enviciados en la cocaína, los medicamentos, las bebidas alcohólicas, pero hay miles de millones que están enviciados en otro tipo de droga, no química, pero también dañina: ¡en corregir errores!

Quien tiene un cerebro enviciado en corregir los errores de sus hijos y alumnos tiene, en primer lugar, antes del acto de corrección, otra especialidad perniciosa: observar los defectos. Nada es tan poco delicado, tan invasivo y tan poco inteligente.

Por buena que sea la intención de un educador o líder, la corrección de errores activa en milésimas de segundo los fenómenos inconscientes, como el gatillo de la memoria y la ventana *killer*, el ancla de la memoria. Una vez disparado el gatillo, es común encontrar una ventana traumática cuyo volumen de tensión instala al ancla de la memoria en un área estrechísima de la corteza cerebral, cerrando el circuito de la memoria. Una vez cerrado el circuito, el ser humano deja de ser *Homo sapiens* y se transforma en *Homo bios*, instintivo. La política viciosa de corregir errores saca a flote lo peor de las personas, no lo mejor.

Con frecuencia, corregir los errores crea sentimientos de invasión de la privacidad, agresividad, frustración. Fomenta, incluso, guerras, violencia social, asesinatos, suicidios o distanciamientos en las relaciones interpersonales. Pero alguien gritaría: "Todos los días nuestros hijos y alumnos se equivocan, tenemos que intervenir". Los colaboradores fallan, los líderes también necesitan corregirlos. ¡Claro!

De ninguna manera estoy diciendo que no deberíamos intervenir, pero aquí expongo cómo hacerlo. Saber corregir los comportamientos, estimular el arte de pensar, dar un nuevo significado a creencias limitantes, es un arte en sí mismo. No deberíamos hacerlo de manera grosera. Si lo hacemos erróneamente, accionamos mecanismos inconscientes que liberan los instintos. Lamentablemente, mi impresión es que más de 90 por ciento de las intervenciones que los educadores realizan en los niños y jóvenes, y los cónyuges entre sí, empeoran al otro.

Para liberar las ventanas *light* y no *killer de* quien corregimos, hay un gran secreto, un cambio radical del paradigma educativo. Tenemos que valorar a la persona que se equivoca, para después lidiar con el error. Antes exaltamos a nuestro alumno, le decimos qué inteligente y capaz de brillar es, y después hablamos de su falla, lo llevamos a pensar. Primero expresamos que creemos y apostamos en nuestros hijos, mostramos que los amamos, después los conducimos a reflexionar sobre sus actitudes. Ésa es otra herramienta nobilísima de gestión de la emoción, que libera la mente humana.

Elogiar antes de criticar dispara el gatillo de la memoria para acertar, en milésimas de segundo, las ventanas correctas, *light*, que contienen generosidad, altruismo, acogimiento, y no exclusión. Esas ventanas abrirán el circuito de la memoria, llevando a quien corregimos a pensar antes de reaccionar y, todavía más, a ponerse en el lugar de los demás. Bienvenidos a la oxigenación de la mente humana.

Sin embargo, si perdió la paciencia, gritó, explotó, se exasperó, usted disparó el gatillo para encontrar las ventanas equivocadas. Si lo hizo, usted se equivocó con quien se equivocó. Es mejor quedarse callado, pues está empeorando a quien ama. Recuerde la regla de oro: *nadie cambia a nadie, tenemos el poder de empeorar a los demás, no de cambiarlos.* Nunca cambiamos a los demás, sólo ellos mismos pueden reciclarse abriendo o cerrando el circuito de la memoria, siendo instintivos o pensantes.

Hay muchas parejas que comienzan su relación regándola de afecto, pero terminan en el desierto de las disputas. Poco a poco, comienzan a ser dependientes de la "droga" sutil de corregir errores. Sus cerebros se vician tanto en señalar las fallas que hasta el tono de voz o una simple opinión los lleva a perder la paciencia. No saben elogiar antes de criticar, exaltar a su pareja antes de entrar en asuntos delicados. Su agenda es una pauta de conflictos. Si no aprenden las herramientas para gestionar la emoción, su romance terminará.

Del mismo modo, muchos ejecutivos quieren que su equipo se vuelva más eficiente, pero eligen el camino equivocado, señalan fallas, exponen los errores en público, ridiculizan o presionan a sus pares de manera poco elegante. Dirigen empresas con miles de empleados, pero son pésimos directores de sus mentes. Cierran el circuito de la mente de sus colaboradores. Los traumatizan, los asfixian, y no los liberan.

Hace muchos años, al estudiar la mente del maestro más grande de la historia desde la perspectiva de la ciencia, el Maestro de maestros, y analizar cómo corregía a sus alumnos hace dos mil años, acuñé esta frase: debemos elogiar en público y corregir en privado. Algunos autores se apropiaron de esa frase como si fuese suya. No me importó, lo importante es que sea aplicada. Pero eso se da muy rara vez.

Los maestros que exponen públicamente los errores de sus alumnos pueden generar ventanas *killer* doble P, altamente traumatizantes, que promueven la rabia, el sentimiento de venganza, la humillación, el miedo, la timidez. Elogien en público y corrijan en privado. E incluso cuando vayan a corregir, recuerden: primero exalten a la persona que se equivocó para después intervenir en su error.

EDUCAR SE TRATA MUCHO MÁS DE CELEBRAR LOS ACIERTOS QUE DE CORREGIR LOS ERRORES

Elogiar antes de criticar es una herramienta que oxigena los bastidores de la mente humana. Y parece tan simple. ¡Sí! ¡Los principales descubrimientos científicos son simples hasta que alguien los descubre! Aunque simples, involucran, como señalé, mecanismos de alta complejidad.

Cierta vez, hace muchos años, una de mis hijas, cuando era preadolescente, le pagó a alguien para que hiciera un examen por ella. Yo me enteré. ¿Qué actitud tomaría usted? ¿La regañaría? ¿Elevaría el tono de voz? ¿La castigaría implacablemente? Si mi cerebro estuviese viciado en señalar fallas, sería el momento ideal para subir el tono de voz, gritar, criticarla, darle una reprimenda inolvidable. Yo provocaría al fenómeno RAM para que generara más ventanas *killer*. Al ser descubierta, ella ya estaba sufriendo mucho. La llamé aparte, la miré fijamente a los ojos... ¡y la elogié! Lo hice como ser humano, como mi princesa e, incluso, alabé su estrategia de pagarle a alguien más para que hiciera el examen.

¿Cómo? "¡Qué actitud tan absurda!", diría un educador cartesiano y racionalista. Comenté la importancia de ponernos límites, pero los mejores y más eficientes límites se establecen con calma, seguridad e inteligencia, no al calor del estrés. No elogié el error de mi hija, sino a ella como ser humano, y su osadía y creatividad.

Ella quedó muy sorprendida, no podía creer que yo, en vez de regañarla, la estuviera abrazando, acogiendo en un momento tan difícil. Abrí su circuito de la memoria, derribé las fronteras de las ventanas *killer*. Sabía que ella estaba herida. Para un depredador es mucho más fácil derribar a una presa herida. Muchos educadores lo hacen: "¿Ya viste? ¡Te dije que eso iba a pasar! ¡Te lo mereces!". No actué como un depredador listo para devorarla, sino como un padre saturado de amor listo para acogerla.

Ella lloró, me abrazó y pidió disculpas. A continuación, procuré ayudarle a tener consciencia crítica. Tuve con ella un muy agradable y serio diálogo sobre las formas más productivas en que podía usar su inteligencia. Le expliqué cuánto podría brillar en la vida si fuera más disciplinada y enfocada. Le dije: *"quien no es fiel a su consciencia tiene una duda impagable consigo mismo"*.

Ella lloró no por el dolor, sino por la capacidad que demostré de creer en ella y enseñarle a pensar mientras el mundo se derrumbaba a sus pies. Logré sorprenderla, nunca me olvidó. ¿Cuáles fueron los resultados de ésa y otras actitudes? Los años pasaron y ella se convirtió en una brillante psicóloga, líder de decenas de otras psicólogas y pedagogas, directora de uno de los mayores programas mundiales de educación de la emoción. En sus conferencias educativas, ella cuenta esa historia con mucha alegría.

¿Usted se vuelve inolvidable para sus hijos y alumnos porque los castiga o porque los abraza? ¿Porque señala sus fallas o los acoge? ¿Porque los disminuye o les enseña a pensar? ¿Porque eleva el tono de voz o por la sabiduría de quien ama? ¡Piense en sus metas como educador!

El marketing y la emoción

Hebert era un hombre de marketing. Tenía una excelente agencia que atendía grandes cuentas. Creativo, siempre transformaba el producto que iba a vender en un objeto de deseo, tal como hacía Steve Jobs, con su manera desenvuelta de ser. Si, por un lado, Hebert era un excelente vendedor de productos, ¡por el otro era un pésimo vendedor de su imagen! Él hacía un antimarketing personal.

Su par de hijos adolescentes no era fácil. La chica era obstinada, el muchacho no soportaba escuchar un no. Querían todo ya. La chica se ponía tensa al hacer los exámenes, el chico no se preocupaba por estudiar. Ella era obsesiva con el orden, él se tropezaba con su propia ropa y zapatos.

Hebert se volvía loco con el comportamiento de sus hijos. Su cerebro viciado en señalar fallas lo llevaba a gritar todos los días, a disparar la ametralladora de las críticas, a presionarlos, hacerles chantajes, proclamar que eran unos ingratos. Usando la metáfora del marketing: Hebert era un buen producto con un pésimo empaque. Sus hijos no compraban sus ideas; al contrario, las calificaban de aburridas, planas, agresivas. Él empeoraba a sus hijos al tratar de mejorarlos.

Por fin, completamente abatido, procuró reciclarse. Buscó ayuda profesional y aprendió sobre el funcionamiento básico de la mente humana. Además, entendió algunas reglas de oro de gestión de la emoción. Quedó avergonzadísimo por sus errores, por su antimarketing. Lloró lágrimas secas. Quería conquistar a los consumidores, pero perdía a los clientes más notables dentro de su propia casa.

Se entrenó para ser libre, protagonista de su historia. Cambió radicalmente su política educativa. Comenzó a ser un padre que elogiaba antes de criticar y, sobre todo, empezó a observar los comportamientos bellos e inteligentes que sus hijos expresaban y que él no veía. Comenzó a entenderlos, a valorarlos todos los días, a reírse, a tener buen humor. Empezó a transferirles el capital de sus experiencias. Por fin, conquistó a sus clientes. Rescató a sus hijos. Éstos quedaron sorprendidos positivamente, pues descubrieron a un padre que no conocían. Ésta es la historia de un padre racionalista que construyó un oasis en medio de su inmenso desierto.

Las generaciones Y y Z están a la deriva en la educación. Es difícil entenderlas, acogerlas, apoyarlas. Es mucho más fácil considerarlas rebeldes, alienadas y egocéntricas y no reinventarnos para conquistarlas. No es sin razón que la autoestima y el placer de la juventud están en niveles bajísimos en la actualidad. Nunca tuvimos una generación tan infeliz ante una industria tan poderosa para excitar la emoción. ¡Mil cuatrocientos millones de personas desarrollarán, a lo largo de su vida, el último estado del dolor humano, un trastorno depresivo!

Se han incrementado los índices de depresión y suicidio como jamás lo hemos visto. En la capital del estado de São Paulo, ha aumentado en 42 por ciento el índice de suicidio entre los jóvenes de 2002 a 2012.

Los educadores tienen que salir de su zona de confort, abrazar más y juzgar menos, ser más audaces y menos desanimados. Necesitan encantar a sus hijos y alumnos. En las artes marciales se usa la fuerza del oponente para dominarlo; ¡en la educación, deberíamos usar la energía ansiosa de nuestros niños y adolescentes para liberarlos!

Diariamente, deberíamos ser especialistas en observar los comportamientos saludables de las personas que nos rodean y procurar exaltarlos. Los alumnos más rebeldes tienen comportamientos dignos de ser honrados por sus maestros, pero nuestro cerebro, enviciado en señalar fallas, no los observa, se convierte en un especialista en empequeñecer sus habilidades socioemocionales. Se pierde, por lo tanto, una oportunidad de oro para formar ventanas saludables para que el Yo de los chicos desarrolle autonomía y sea líder de sí mismo. Todos los días, los hijos más ansiosos, inquietos e irritables tienen comportamientos dignos de ser aplaudidos, pero no los celebramos porque no logramos distinguirlos.

Usted no se imagina la revolución en las relaciones humanas y en el proceso de formación de la personalidad cuando cambiamos nuestra política educativa, cuando exaltamos a quien se equivoca antes de intervenir en su error, cuando celebramos a diario los aciertos de las personas. Recuerde: esa herramienta está en sintonía con una de las fronteras más complejas de la ciencia, la construcción de los pensamientos. Si la practicamos, dejaremos de ser líderes rígidos, inflexibles, esclavos del racionalismo, y nos volveremos ingenieros de archivos *light*, capaces de propiciar en nuestros hijos y alumnos la osadía, el autocontrol, la autoestima, el altruismo, la resiliencia, en fin, ¡conducirlos a ser autores de su propia historia! Bienvenidos a las reglas de oro de la gestión de la emoción, capaces de formar mentes libres y brillantes.

Una carta de amor inolvidable para los educadores

QUERIDOS PADRES Y MAESTROS, ustedes pueden tener dificultades y limitaciones, atravesar los valles del estrés y tener que escalar las escarpadas montañas de la formación humana. Pueden perder la paciencia en algunos momentos y creer que su jornada es demasiado difícil, pero, a pesar de todos sus defectos, ustedes ya no son un número en una multitud, sino seres humanos únicos para el futuro de la humanidad y especiales, por lo menos para quienes ustedes educan.

Ser un educador es darse sin esperar nada a cambio, hallar fuerza en el perdón, coraje en la fragilidad, seguridad en el escenario del miedo, amor en los momentos de abandono. Recuerden siempre: es imposible labrar los suelos de la mente humana sin fatigas, enseñar a los niños a caminar sin tropiezos, estimular a los jóvenes a madurar sin decepciones.

Ser educador es tener una mente sedienta de celebrar los aciertos, una emoción insaciable por dar lo que el dinero jamás puede comprar, el capital de sus experiencias, aun con todas sus crisis, fallas y locuras. Pues la mayor y más bella locura es ser un apasionado por sus hijos y alumnos.

Rara vez un educador, sea un padre o un maestro, recibe premios, es aplaudido u homenajeado, pero todos los años tiene la posibilidad de recibir la más grande de todas las recompensas, aquello que dinero alguno puede pagar: observar que las semillas que sembró en el territorio de la personalidad de los niños están llevándolos a reinventarse, que los adolescentes están aprendiendo a pensar antes de reaccionar, y que los universitarios están realizando sus sueños y cambiando al mundo, por lo menos, su mundo.

Ser educador no los transforma en celebridades, pero los convierte en los anónimos más felices del mundo. Aunque la prensa no los exalte, el mundo digital quiera descartarlos y las bolsas de valores no los coticen, ustedes, padres y maestros, son imprescindibles para el teatro de la humanidad. ¡Sin ustedes, la obra de la vida no se realizaría! Reyes han pasado por sus manos, millonarios irrigaron el intelecto con sus enseñanzas, celebridades fueron niños que bebieron de su fuente, científicos se volvieron exploradores a través de sus cuestionamientos, escritores recibieron su influencia por las páginas de su historia. Los seres humanos pueden no inclinarse ante reyes, empresarios, celebridades, científicos y escritores, ¡pero en todo el mundo deberían inclinarse ante ustedes!

Por eso, a pesar de todas las posibles frustraciones, necesitamos su coraje, su ánimo, su llama. Un educador brillante usa sus lágrimas para irrigar su tolerancia, sus pérdidas para dar fuerza a su paciencia, sus dificultades para esculpir su sabiduría, sus rechazos para dar sentido y metas a su vida. Ser un educador brillante no es sentirse una víctima de los problemas, sino saber que con frecuencia el destino no es inevitable, sino una cuestión de elección.

Y ustedes eligieron ser educadores. No es una profesión que les hará acumular dinero en el banco, pero es una profesión, y más que eso, es una misión que los enriquecerá en un lugar donde muchos millonarios son pobres, en el centro mismo del planeta emoción. ¡Observen! Los jueces juzgan a los reos, pero ustedes educan al ser humano para que no cometa crímenes. Los políticos dirigen la nación, pero ustedes forman al actor social para escenificar la obra de la democracia. Los psiquiatras y psicólogos tratan a los pacientes, pero ustedes enseñan la gestión de la emoción para que ellos no se enfermen. Por eso, educar es producir un espectáculo único e indescriptible. Y ustedes son los grandes protagonistas de ese espectáculo, aunque permanezcan tras bastidores, preparando a sus educandos para brillar en el escenario.

Nunca lo olviden: las computadoras transmiten información, pero ustedes enseñan a pensar, los *smartphones* conducen a los usuarios a conectarse con el mundo, pero sólo ustedes los enseñan a conectarse consigo mismos. Las computadoras, por más que tengan inteligencia artificial, nunca sabrán lo que son ni cómo lidiar con las dudas, la soledad, las pérdidas, las angustias, las lágrimas, la timidez, el autocastigo, ni con la capacidad de escribir los capítulos más importantes de la vida en los días más dramáticos de la existencia; sólo un ser humano puede enseñar esas experiencias a otro ser humano. Por eso, aunque la sociedad y los medios no les aplaudan, ¡ustedes, educadores, son simplemente insustituibles!

Muchas gracias, padres, por postergar algunos de sus sueños para que sus hijos sueñen; muchas gracias, maestros, por dejar de dormir algunas noches para que sus alumnos duerman bien. Sin ustedes, el cielo de la humanidad no tendría estrellas y las primaveras emocionales de la sociedad no tendrían flores. ¡Muchas gracias por existir!

Referencias bibliográficas

ADLER, Alfred. *A ciência e da natureza humana*. São Paulo: Editora Nacional, 1975.

ADORNO, T. *Educação e emancipação*. Rio de Janeiro: Paz e Terra, 1971.

COSTA, Newton C.A. *Ensaios sobre os fundamentos da lógica*. São Paulo: Edusp, 1975.

CHAUI, Marilena. *Convite à filosofia*. São Paulo: Ática, 2000.

CURY, Augusto. *Inteligência multifocal*. São Paulo: Cultrix, 1999.

_____. *Armadilhas da mente*. Rio de Janeiro: Sextante, 2013.

_____. *O código da inteligência*. Rio de Janeiro: Ediouro, 2009.

_____. *El hombre más inteligente de la historia*. México: Océano, 2018.

_____. *Padres brillantes, maestros fascinantes*. México: Océano, 2022.

_____ *Pais inteligentes formam sucessores, não herdeiros.*
São Paulo: Saraiva, 2014.

FREIRE, Paulo. *Pedagogia dos sonhos possíveis.* São Paulo:
Unesp, 2005.

DUARTE, André. "A dimensão política da filosofia kantia-
na segundo Hannah Arendt", en Hannah Arendt. *Lições
sobre a filosofia política de Kant,* Rio de Janeiro: Relume
Dumará, 1993.

DESCARTES, René. *O discurso do método.* Brasília, Editora
da Universidade de Brasília, 1981.

FEVERSTEIN, Reuven. *Instrumental Enrichement. An Inter-
vention Program for Cognitive Modificability.* Baltimore:
University Park Press, 1980.

FOUCAULT, Michel. *A doença e a existência.* Rio de Janeiro:
Folha Carioca, 1998.

FREUD, Sigmund. *Obras completas.* Madrid: Editorial Biblioteca Nueva, 1972.

FRANKL, Viktor. E. *A questão do sentido em psicoterapia.*
Campinas: Papirus, 1990.

FROMM, Erich. *Análise do homem.* Rio de Janeiro: Zahar,
1960.

GARDNER, Howard. *Inteligências múltiplas: a teoria e a prá-
tica.* Porto Alegre: Artes Médicas, 1994.

GOLEMAN, Daniel. *Inteligência emocional.* Rio de Janeiro:
Objetiva, 1995.

HALL, Lindzey. *Teorias da personalidade.* São Paulo: EPU,
1973.

HEIDEGGER, Martin. *Os pensadores.* São Paulo: Abril Cultural, 1989.

Husserl, Edmund. *La filosofía como ciencia estricta.* Buenos Aires: Editorial Nova, 1980.

Jung, Carl Gustav. *O desenvolvimento da personalidade.* Petrópolis: Vozes, 1961.

Kaplan, Harold I.; Sadoch, Benjamin, J. y Grebb, Jack, A. *Compêndio de psiquiatria: ciência do comportamento e psiquiatria clínica.* Porto Alegre: Artes Médicas, 1997.

Kierkegaard, Sören. *Diário de um sedutor e outras obras.* São Paulo: Abril Cultural, 1989.

Lipman, Matthew. *O pensar na educação.* Petrópolis: Vozes, 1995.

Masten, Ann. S. "Ordinary Magic: Resilience Processes in Development". *American Psychologist,* 56 (3), 2001.

_____ y Garmezy, Norman. "Risk, Vulnerability and Protective Factors in Developmental Psychopathology", en Lahey, Benjamin y Kazdin, Alan. E. *Advances in Clinical Child Psychology 8.* Nueva York: Plenum Press, 1985.

Morin, Edgar. *O homem e a morte.* Rio de Janeiro: Imago, 1997.

_____ *Os sete saberes necessários à educação do futuro.* (Reporte realizado a pedido de la Unesco.) São Paulo: Cortez/Unesco, 2000.

Muchail, Salma T. "Heidegger e os pré-Socráticos", en *Centro de Estudos Fenomenológicos de São Paulo. Temas fundamentais de fenomenologia.* São Paulo: Moraes, 1984.

Nachmanovitch, Stephen. *Ser criativo. O poder da improvisação na vida e na arte.* São Paulo: Summus, 1993.

Piaget, Jean. *Biologia e conhecimento.* 2ª ed. Petrópolis: Vozes, 1996.

SARTRE, Jean Paul. *O ser e o nada. Ensaio de antologia.* Petrópolis: Vozes, 1997.

STEINER, Claude. *Educação emocional.* Rio de Janeiro: Objetiva, 1997.

STERNBERG, Robert J. *Mas allá del cociente intelectual.* Bilbao: Editorial Desclee de Brouwer, 1990.

PINKER, Steven. *Cómo funciona la mente.* Buenos Aires: Planeta, 2001.

YUNES, Maria Angela Matar. *A questão triplamente controvertida da resiliência em famílias de baixa renda.* Tesis de doctorado, Pontifícia Universidade Católica de São Paulo, São Paulo, 2001.

_____ y SZYMANSKI, H. "Resiliência: noção, conceitos afins e considerações críticas", en TAVARES, J. (compilador). *Resiliência e educação.* São Paulo, Cortez, 2001.

Felicidades a las escuelas que educan la emoción

Felicidades a las más de ochocientas escuelas que adoptaron el programa escuela de la inteligencia (ei). Estos planteles descubrieron que EI es el primer programa mundial de gestión de la emoción para niños y adolescentes, además de ser el primer programa mundial de prevención de trastornos emocionales y control de la ansiedad para alumnos. Es, además, el mayor programa de educación socioemocional de la actualidad en todo el planeta. Tiene más de trescientos mil estudiantes. Sólo el año pasado, ochenta mil nuevos alumnos ingresaron en el programa en Brasil. Tenemos el mayor equipo de psicólogos y pedagogos especializados en educación emocional del país. Incluso, han entrenado a decenas de miles de padres y a más de seis mil maestros que aplican las reglas de oro para formar hijos y alumnos brillantes. Esos maestros son profesionales de la propia escuela que, apoyados con un riquísimo material, dan una clase por semana dentro del programa curricular.

Cualquier escuela debería enseñar valores como la ética y la responsabilidad. El programa EI va muchísimo más allá. Su objetivo es que los niños y los adolescentes aprendan a proteger la emoción, administrar la ansiedad, tener autocontrol, trabajar las pérdidas y frustraciones, ponerse en el lugar de los demás, pensar antes de reaccionar, ser líderes, liberar la creatividad, reinventarse en el caos, tener resiliencia (aumentar el umbral para soportar las frustraciones), emprender, atreverse, ser autores de su propia historia. Además, mejora la oratoria y la redacción. El doctor Augusto Cury diseñó el programa durante treinta años. Ahora, hay diversos países que quieren importarlo. ¡Y Brasil contribuye con la humanidad! Adicionalmente, estamos usando recursos del programa para aplicarlo gratuitamente en orfanatos y en las escuelas más violentas de Brasil.

Los países quedan encantados, los maestros quedan fascinados y los alumnos de enseñanza básica y media no ven la hora de llegar a la clase del programa EI. FELICIDADES DE NUEVO A LAS ESCUELAS QUE LO ADOPTARON.

Para más información:
www.escoladainteligencia.com.br
Teléfono: (16) 3602-9420
Correo electrónico:
comercial@escoladainteligencia.com.br

Esta obra se imprimió y encuadernó
en el mes de enero de 2024,
en los talleres de Impregráfica Digital, S.A. de C.V.,
Av. Coyoacán 100–D, Col. Del Valle Norte,
C.P. 03103, Benito Juárez, Ciudad de México.